Gemeinsam unterwegs auf dem Weg Jesu Christi

Die 15. Mennonitische Weltkonferenz in Paraguay

vom 15. - 19. Juli 2009

Uwe Friesen

Gemeinsam unterwegs auf dem Weg Jesu Christi

Juli – 2010

©Uwe Friesen ufriesen@chaconet.com.py

Fotos auf dem Umschlag
Vorne: Der auf dem Hof des Centro Familiar de Adoración (CFA) ausgestellte Menno-Wagen eignete sich besonders gut für die Rast und die Begegnung mit Freunden. Das fanden wohl auch Dr. Rudolf Dyck aus Paraguay und Heinrich Bergen aus Kanada so.
Hinten: Zwei Fotos von der Vollversammlung im CFA in Asunción.

Bibliografische Information der Deutschen Nationalbibliothek:
Die Deutsche Nationalbibliothek verzeichnet diese Publikation in der Deutschen Nationalbibliografie; detaillierte bibliografische Daten sind im Internet über http://dnb.dnb.de abrufbar.

Alle Rechte vorbehalten.
© 2015 Uwe Friesen
Das Werk einschließlich aller seiner Teile ist urheberrechtlich geschützt. Jede Verwertung außerhalb der engen Grenzen des Urheberrechtsgesetzes ist ohne Zustimmung des Autors unzulässig und strafbar. Das gilt insbesondere für Vervielfältigungen, Übersetzungen, Mikroverfilmungen und die Einspeicherung und Verarbeitung in elektronischen Systemen.

Umschlaggestaltung: Uwe Friesen
Satz und Layout: Uwe Friesen / Rudolf Dück Sawatzky
Korrektur: Rudolf Dück Sawatzky

Herausgeber: Verlagsagentur Justbestebooks.de Rudolf Dück Sawatzky.
25451 Quickborn, Deutschland
Herstellung und Verlag:
BoD – Books on Demand, Norderstedt, EAN 9783738606201

Gemeinsam unterwegs auf dem Weg Jesu Christi

Inhaltsverzeichnis 003

I.	**Vorwort**...	006
II.	**Vor der Konferenz**	008
1.1.	Geschichtlicher Rückblick..	008
1.1.1.	Die 1. Mennonitische Weltkonferenz in Basel . 1925	008
1.1.2.	Die 2. Mennonitische Weltkonferenz in Danzig – 1930.........................	009
1.1.3.	Die 3. Mennonitische Weltkonferenz in Amsterdam – 1936..................	009
1.1.4.	Die 4. Mennonitische Weltkonferenz in Goshen und Newton – 1948	009
1.1.5.	Die 5. Mennonitische Weltkonferenz in Basel – 1952	010
1.1.6.	Die 6. Mennonitische Weltkonferenz in Karlsruhe – 1957	010
1.1.7.	Die 7. Mennonitische Weltkonferenz in Kitchener – 1962	011
1.1.8.	Die 8. Mennonitische Weltkonferenz in Amsterdam – 1967..................	011
1.1.9.	Die 9. Mennonitische Weltkonferenz in Curitiba – 1972........................	012
1.2.	Die 10. Mennonitische Weltkonferenz in Wichita – 1978.......................	013
1.3.	Die 11. Mennonitische Weltkonferenz in Straßburg – 1984...................	013
1.4.	Die 12. Mennonitische Weltkonferenz in Winnipeg – 1990	014
1.5.	Die 13. Mennonitische Weltkonferenz in Kalkutta – 1997	014
1.6.	Die 14. Mennonitische Weltkonferenz in Bulawayo – 2003...................	015
	Gemeinsame Glaubensüberzeugungen	016
1.7.	Die 15. Mennonitische Weltkonferenz in Asunción	018
1.8.	**Paraguay im Blickpunkt der MWK**..	018
1.8.1.	Mennoniten in Paraguay..	018
1.8.2.	Die Wahl Paraguays zum Konferenzland..	019
1.8.3.	Organisation und Vorbereitungen..	021
1.8.4.	Anmeldungen und Besucher...	023
1.9.	**Der Welt-Jugendgipfel - Global Youth Summit – GY**........................	025
1.10	Der erste Welt-Jugendgipfel 2003 in Simbabwe	025
1.11	Der zweite Welt-Jugendgipfel 2009 in Asunción	030
	Teilnehmer berichten vom Jugendgipfel	031
III.	**Während der Konferenz**	037
1.	Der Leittext der 15. Mennonitischen Weltkonferenz: PHILIPPER 2, 1-11	039
2.	Der Tagungsort..	040
3.	Das Programm der Vollversammlungen der 15. Mennonitischen Weltkonferenz	041
4.	Die Vollversammlungen der A-15	046

4.1.	Die Ansprachen – Bibelarbeiten und Predigten	048
4.2.	Singen und Anbetung - Musik und Gesang auf der MWK	059
4.3.	Berichte auf den Vollversammlungen: Die Vielfalt der Mennoniten	062
4.3.1.	Mehr als ein Abenteuer - eine Hoffnung: Eine Reise mit dem Fahrrad von Virginia, USA, zur Weltkonferenz in Asunción	062
4.3.2.	Dienst in Bolivien	064
4.3.3.	Vietnamesische Mennonitengemeinde Quang Trung, Vietnam	065
4.3.4.	Dienst in den Vereinten Nationen	065
4.3.5.	Clair Brenneman und die Ruta Transchaco	066
4.3.6.	Der Bruderhof in Paraguay	067
4.4.	Begegnung mit anderen Kirchen	067
5.	**Die Arbeitsgemeinschaften – Workshops**	068
5.1.	Inhalte	069
5.1.1.	Das Projekt der mennonitischen Geschichtsschreibung weltweit	070
5.1.2.	Internetseite über Mennoniten weltweit	076
5.1.3.	Die Betreuung der Schöpfung	076
5.1.4.	Ärztetreffen	079
5.1.5.	IMO – Patenschafts-Partnertreffen	080
5.1.6.	Lehrertreffen	080
5.1.7.	Reiche und Arme in der Glaubensfamilie	081
6.	**Das globale Dorf**	081
7.	**Ausstellungen und Beschäftigungen**	081
7.1.	Expo-Mission	083
7.2.	Sozialdienste	084
7.3.	Büchertisch	084
8.	**Freiwillige Helfer**	085
8.1.	Die Servidores de Paz Friedensdiener	085
8.2.	Essen – Die Speisung der 6000	087
8.3.	Kinder und Teenager auf der Weltkonferenz	090
9.	**Die verstreute Konferenz**	090
9.1.	Die Betreuung der Besucher	091
9.2.	Fremdenführungen in Neuland	094
9.3.	Internationales Interesse am Nachbarschafts-Kooperations-Modell	096
9.4.	Besuche auf Km 81	098
9.5.	Reise in den Chaco	101
10.	**Zahlen und Kuriositäten der Mennonitischen Weltkonferenz**	102

| IV. | **Nach der Konferenz** | 107 |

| 1. | **Einfluss auf Besucher und Besuchte – Eindrücke, die geblieben sind** | 107 |

2.	**Besinnung und Überlegungen**	124
2.1.	Welche Auswirkungen, welchen Impakt hat die Weltkonferenz Hinterlassen?	125
2.1.1.	In Paraguay	125
2.1.1.1.	Ein verändertes Bild der Mennoniten?	129
2.1.2.	In den Gemeinden	131
2.1.3.	Über die Landesgrenzen hinaus	135
2.1.3.1.	Bolivien	137
2.1.3.2.	Weltgemeinschaftssonntag am 24. Januar 2010	138

| 3. | **Die Zukunft der Mennonitischen Weltkonferenz** | 136 |

V.	**Anhang**	144
	Komitees der 15. Mennonitischen Weltkonferenz – Mitarbeiter in den verschiedensten Bereichen	144
	Bibliografie	146

| VI. | **Die 15. Mennonitische Weltkonferenz in Bildern** | 148-180 |

I. Vorwort

Der Bibeltext, der als Grundlage für die Predigten und Wortbetrachtungen, sowie für die ganze Konferenz als Leitfaden diente, ist eine Herausforderung für alle Christen. Denn eine zentrale Botschaft der Bibel ist der **Dienst am Nächsten**. Wenn wir nun gemeinsam unterwegs sind, stellt sich die Frage: Gehen wir unseren eigenen Weg, um uns zu dienen, und mit uns vielleicht auch Jesus Christus? Oder: Sind wir wirklich gemeinsam mit Christus und den anderen Gläubigen unterwegs, um ein Leben des Dienstes an andere, an den Hilfsbedürftigen zu gehen?

Deshalb hab ich mich auch, als ich von der A15 nach Hause fuhr, wohl wie tausende andere Besucher auch, gefragt: Was nun? ....

Die Konferenz ist zu Ende, und alle gehen wieder in den Alltag hinein. Bleibt etwas von dem, was im Laufe der sechs Tage der Konferenz gesagt, gesehen und gesungen, oder auch beschlossen und entschieden wurde? Oder ist das, was so umfassend, voller Liebe und Hingebung über Jahre geplant wurde und ohne größere Schwierigkeiten durchgeführt worden ist, nun zu Ende - vorbei?

Da ich sah, dass von vorherigen Weltkonferenzen Bücher gemacht wurden, in denen die Vorträge, Predigten, Beschlüsse usw. veröffentlicht wurden, fragte ich bei Verantwortlichen der 15. MWK nach, ob es auch ein Buch zur soeben abgeschlossenen Feier gäbe. Die Antwort war: Es ist nicht geplant. Irgendwann kam dann noch der Zusatz: Warum machst du nicht etwas?

Diesen Gedanken nahm ich mit mir und habe dann langsam die Gewissheit bekommen, dass es wohl eine große Aufgabe, aber kein unlösbares Problem wäre, ein Buch über die MWK in Asunción zu schreiben.

Ich habe mit vielen Leuten gesprochen, alle haben mir die Unterstützung zugesagt. Da ich sowieso schon eine Menge Material gesammelt hatte, auch von Leuten, die ihre Eindrücke auf meine Bitte niederschrieben, habe ich damit weiter gearbeitet.

Außerdem sind die Berichte von vielen Personen in Informationsblättern, in mennonitischen Zeitschriften, u.a. veröffentlicht worden. Fotos gab es eine große Anzahl, die von offiziellen Fotografen gemacht wurden, und zusätzlich entstanden viele von Kameras anderer Teilnehmer, so dass eine große Auswahl zur Verfügung stand, um dem Buch pflichtgemäß einen Fototeil anzuhängen. Sie wecken bei den Teilnehmern viele Erinnerungen und geben den Nichtbeteiligten einen breiteren Einblick in die Geschehnisse jener sechs Tage in und um Asunción.

Der Aufruf des jetzigen Präsidenten der MWK, Bischof Danisa Ndlovu aus Simbabwe, sollte uns alle zum Nachdenken anregen. Und hoffentlich auch zum Handeln aufrufen: *„Nun, Brüder und Schwestern, geht auf dem Weg Christi und* praktiziert, was nur möglich ist durch die Gnade Gottes - praktiziert die Selbstlosigkeit. Geht und lebt in Demut. Geht, gebt und praktiziert. die aufopfernde Liebe. Geht mit offenen Augen um die Nöte und Gelegenheiten des Dienstes vor und um euch zu sehen. Geht, bereit und vorbereitet, die Worte in Taten umzusetzen; die Relevanz der Gemeinde heute besteht vielmehr darin, was wir tun, als das was wir sagen. Verlasst diesen Ort als Sklaven; als Diener die willig sind alles zu geben, in vollem Bewusstsein, dass 'Wir haben alle Trübsal, aber wir ängstigen uns nicht. Uns ist bange, aber wir verzagen nicht'" (2. Korinther 4, 8).

Geht gemeinsam auf dem Weg Christi als Gemeinde, durch politische, wirtschaftliche und soziale Leiden und Herausforderungen. Wisset, dass unser Schicksal nicht in den Händen sterblicher Menschen ist, sondern in Gott dem Allmächtigen, der fähig ist Leiden, Schande und Tod mit Leben zu belohnen - ewigem Leben. AMEN!"

Nach der Konferenz fragt man sich: Was bleibt, was hat beeindruckt und was wird mein Leben in Zukunft beeinflussen? Ein Großteil der Beiträge setzt sich deshalb aus Eindrücken, Berichten usw. von Teilnehmern an der Konferenz zusammen. Es ist zum Teil eine Antwort auf die Frage: Hat sich so ein Aufwand denn gelohnt?

Abschließend folgt ein Foto-Teil, die die Ereignisse dokumentieren und darstellen. Auch hier werden die Vollversammlungen, die Workshops, Jugendgipfel, Globales Dorf, Ausstellungen, Verstreute Konferenz u.a.m. in Bildern dokumentiert.

Paul N. Kraybill schrieb im Vorwort zum Buch über die 11. Mennonitische Weltkonferenz in Straßburg im Februar 1985: „Diejenigen, die nicht an der Konferenz teilnahmen oder teilnehmen konnten, können so einen kleinen Eindruck von den Geschehnissen bekommen. Für die Teilnehmer selbst ist es einfach eine Erinnerung. Den Historikern und denen, die nach uns kommen, wird es ein Zeichen sein, dass eine weitere Konferenz außer denen im 16. und 17. Jahrhundert, eine Mennonitische Weltkonferenz 1984 in Straßburg stattgefunden hat."

Dasselbe spricht auch für ein Buch über die 15. Mennonitische Weltkonferenz in Asunción, auch wenn dieses Buch nicht die Dynamik und Vielfalt der Konferenz widergeben kann, so gibt es doch einen kleinen Einblick in die Vielfalt derselben wieder.

Möge die Konferenz noch lange Nachwirkungen in den Gemeinden Paraguays und in anderen Ländern, sowohl in den mennonitischen Gemeinden als auch durch die Gemeinden unter anderen Leuten haben.

Dann hat sich die MWK in Asunción ganz sicher gelohnt.

Uwe Friesen, Kolonie Menno, 2009

II. Vor der Konferenz

Die Mennonitische Weltkonferenz ist die weltweite Gemeinschaft von Mennoniten und den Brüdern in Christo. Die Gesamtzahl der Mennoniten lag zur Zeit der 15. Weltkonferenz bei mehr als einer Million Mitgliedern.

Seit 1925 versammelt sich nun schon die weltweite Familie in bestimmten Abständen zu Konferenzen, um gemeinsame Projekte zu planen, durchzuführen und sich gemeinsam zu erbauen. Eine Weltkonferenz, die in den Anfangszeiten auf den deutschsprachigen Raum beschränkt war, hat sich über die Jahrzehnte immer mehr erweitert und auch die sprachliche Zusammensetzung hat sich dahingehend verändert, dass Deutsch heute nur noch eine untergeordnete Rolle spielt, da es viel mehr Mennoniten gibt, die Englisch, Spanisch und andere Sprachen der südlichen Hemisphäre sprechen.

1. Geschichtlicher Rückblick

Im Jahre 1912 hatte der mennonitische Prediger Heinrich Pauls aus Galizien (Polen) erstmals die Idee, eine Mennonitische Weltkonferenz einzuberufen, bei der die Vertreter der Gemeinden aus Europa und Nordamerika zusammentreffen sollten.

Christian Neff vom Weierhof in Deutschland ließ eine Einladung mit Einwilligung der Süddeutschen Konferenz an Mennoniten in Nordamerika, den Niederlanden, Russland, Frankreich, Polen, der Schweiz und Deutschland ergehen, womit die Geschichte der Weltkonferenzen begann.

Bis zur Konferenz in Asunción hat die Konferenz vierzehnmal stattgefunden. In den früheren Jahren befasste man sich besonders und gezielt mit Hilfswerkfragen, die sich auf die Nöte der Mennoniten in der UdSSR und den Flüchtlingen aus dem Osten bezogen.

Die Weltkonferenz hat in Abständen von fünf, später von sechs Jahren stattgefunden. Eine längere Unterbrechung gab es von 1936 bis 1948 aufgrund des Zweiten Weltkrieges.

Von Beginn an war es auch ein wichtiges Ziel, die weltweite mennonitische Gemeinschaft zusammen zu halten und den Austausch zu fördern, was auch besonders in Zeiten der Bedrängnis geschah, denn man erfuhr gegenseitige Hilfe, zeigte Anteilnahme und bekundete Fürbitte und geistliche Unterstützung.

1.1. Die 1. Mennonitische Weltkonferenz in Basel - 1925

Es dauerte seit der Idee der Weltkonferenz von Heinrich Pauls noch 13 Jahre, bis im 400. Jahr der Entstehung der Täuferbewegung, vom 13. - 16. Juni 1925 in Basel, Schweiz, die 1. Mennonitische Weltkonferenz stattfand. Es nahmen daran etwa 100 Leute teil, davon ein Amerikaner. Eine Delegation aus der Sowjetunion war entsandt, aber sie durfte nicht in die Schweiz einreisen. Deshalb reiste eine Vertretergruppe zur Grenze, um Jakob Rempel aus Russland Grüße zu übermitteln

Inhalt war die Gedenkfeier der Täufer und ein Vortrag zum Thema „Wie können wir das geistliche Leben unserer Gemeinschaft heben?"

1.2. Die 2. Mennonitische Weltkonferenz in Danzig - 1930

Die zweite MWK fand vom 31. August - 3. September 1930 in Danzig statt. Der besondere Anlass zu diesem Treffen war die Not der Russlandmennoniten. Deshalb wurde sie auch „Mennonitische Welthilfskonferenz" genannt. Leiter dieser Konferenz war Ältester Christian Neff, genauso wie bei der ersten Konferenz. Besondere Behandlung fand die Ansiedlung der Flüchtlinge aus Russland in Paraguay und Brasilien. Das Thema der Konferenz war: „Helfende Bruderliebe in Vergangenheit, Gegenwart und Zukunft", wodurch man den Mennoniten in Russland eine besondere Botschaft der Ermutigung und des Trostes zusandte.

Es nahmen auch hier hauptsächlich europäische Vertreter teil.

1.3. Die 3. Mennonitische Weltkonferenz in Amsterdam - 1936

Vom 29. Juni - 3. Juli 1936 fand die MWK in Amsterdam, Holland, statt. Es waren 343 registrierte Teilnehmer dabei, wovon 15 aus Nordamerika und die restlichen aus Europa kamen. Diese Konferenz, wieder von Christian Neff geleitet, wurde dem Gedenken an die Bekehrung und den Austritt von Menno Simons aus dem Papsttum vor 400 Jahren (1536) gewidmet. Hauptthema war deshalb: *„Die Mennoniten in Geschichte und Gegenwart".*

Aber auch die vor nicht allzu langer Zeit entstandenen Siedlungen der Russlandflüchtlinge in Südamerika kamen zur Diskussion. Auf dieser Konferenz hob man Kollekten, um den aus Russland Geflüchteten zu helfen, und eine Zentrale des Hilfswerks wurde in Karlsruhe unter der Leitung von Benjamin H. Unruh gegründet.

1.4. Die 4. Mennonitische Weltkonferenz in Goshen und Newton - 1948

1940 hatte man beabsichtigt, erneut eine Mennonitische Weltkonferenz durchzuführen, aber aufgrund des 2. Weltkrieges gab es eine 12-jährige Unterbrechung.

Nachdem Christian Neff im Jahre 1946 gestorben war, übernahm das Mennonitische Zentralkomitee die Initiative und lud zu einer weiteren Konferenz ein.

Erst mal fand eine Mennonitische Weltkonferenz nicht in Europa statt. Der europäische Charakter und Deutsch als Konferenzsprache wurde abgelegt, weil

die Versammlung vom 3. - 10. August 1948 in Goshen (Indiana) und Newton (Kansas), USA, stattfand.
Durch die Missionsarbeit und die Beteiligung neuer Gemeinden aus Afrika und Asien, wurde die MWK zunehmend internationaler. Die Leitung hatte man amerikanischen Mennoniten übergeben (MCC). „Bruderschaft und Versöhnung" war das Thema der Tagung, und es wurden 45 Predigten und Vorträge für die Versammelten gebracht.
Es kamen mehrere Tausend Besucher, überwiegend aus den USA und Kanada, aber auch aus Europa, Südamerika und Asien (27 von außerhalb Nordamerika). Hervorzuheben ist auch, dass erstmalig Vertreter von Missionsgemeinden aus Indien dabei waren, sowie, dass eine Frau über das Thema der Wehrlosigkeit bzw. die Kriegsdienstverweigerung sprach.

1.5. Die 5. Mennonitische Weltkonferenz in Basel - 1952

Wieder zurück in Europa, fand in Basel, Schweiz, vom 10. - 15. August 1952 die 5. MWK auf dem Gelände der St. Chrischona Bibelschule statt. Die Leitung hatten trotzdem die amerikanischen Mennoniten behalten. Eine Kommission von Vertretern der Konferenzen in Europa und Nordamerika (später Präsidium) hatte das Programm erstellt. Es stand unter dem Motto: „Die Gemeinde Jesu Christi und ihr Auftrag". Erstmalig wurden auch Diskussionsgruppen und Arbeitsgemeinschaften organisiert und besondere Tagungen wie z.B. für Frauen, Jugend, Wissenschaftler, Mennonitischer Freiwilligendienst, Friedenskomitee und Mission durchgeführt.
Es gab auch erstmalig nahe an 200 offizielle Delegierte und eine Übersetzung in verschiedene Sprachen. Dadurch, dass mehr Vertreter aus den Nachbarstaaten und aus Nordamerika kamen, waren bis zu 1.200 Beteiligte bei den Veranstaltungen
zugegen. Man wählte Harold S. Bender zum Vorsitzenden der MWK.
Man wollte die persönliche Gemeinschaft und die Zusammenarbeit von Vertretern der Gemeinden festigen, was vor allem durch die Feier der Märtyrer in der Schweiz gelang, und man ging mit der Überzeugung auseinander, dass die Mennonitische Weltkonferenz gestärkt und gefestigt worden sei, und dass über die Unterschiede der verschiedenen Gemeinden die Einheit des Geistes, der Liebe und des Glaubens einen großen Raum schafften, um einen Dienst an Notleidende zu verrichten.
Harold S. Bender verfasste im Auftrage des Exekutivkomitees das Buch „Die Gemeinde Christi und ihr Auftrag", das in mehr als 400 Seiten einen Einblick in die Konferenztage gibt.

1.6. Die 6. Mennonitische Weltkonferenz Karlsruhe - 1957

In Karlsruhe, Deutschland, fand vom 10. - 16. August 1957 wieder eine Konferenz statt, zu der etwa 1.000 Besucher täglich erschienen. Davon waren 248 offizielle Vertreter der Gemeinden Europas, Nordamerikas, Südamerikas und aus Asien.
Das Hauptthema stand unter dem Titel „Das Evangelium von Jesus Christus in der Welt". Eine Erneuerung war die Bibelarbeit am Morgen (Deutsch, Englisch, Französisch) und etwa 2.500 Glaubensgeschwister beteiligten sich an dem erstmals gemeinsam abgehaltenen Abendmahl am Sonntag. Im Nachhinein gab man ein Buch heraus, das vom warmen evangelischen Geist der Konferenz berichtete.

1.7. Die 7. Mennonitische Weltkonferenz in Kitchener - 1962

Kanada war der Austragungsort dieser Konferenz. In Kitchener, Ontario, fand sie vom 1. bis zum 7. August 1962 unter dem Thema „Jesus Chistus, der Herr" statt. Mit 850 Delegierten und 12.500 registrierten Teilnehmern aus 25 Ländern wurden alle bisherigen Zahlen übertroffen.
Ein Geist des Verständnisses gegenüber Problemen der Nachbarn war in dieser Konferenz zu verspüren, und die Kollekten dieser Konferenz wurden zum Wohle armer Indianer in Paraguay, für Hilfswerke in Algerien, für Erziehungsprogramme in Indonesien und für die mennonitische Schule Bienenberg in der Schweiz vergeben. Ein Liederbuch mit 40 Liedern in Englisch und Deutsch wurde für die Konferenz hergestellt: „Lieder für die siebente Mennonitische Weltkonferenz".
Gemeinsam wurde über die Herrschaft Christi nachgedacht und was für Folgen seine Herrschaft im Leben der Gläubigen hat. Die Herrschaft Christi müsse im Leben der Christen, der Familien und der Gemeinden verwirklicht werden, war der Aufruf.
Eine Ausstellung zu Themen wie Mission, Radioarbeit und Evangelisation, Krankenhäuser und Heime oder Bibelschulen und Hilfsorganisationen wurde den Besuchern angeboten.
Harold S. Bender aus den USA hatte die Leitung der Konferenz 1948 übernommen und den Vorsitz geführt. Er war auch noch bei den Planungen zu dieser Konferenz dabei gewesen, erkrankte jedoch und starb kurz nach der Konferenz.
Ein Buch von 702 Seiten entstand unter dem Titel „The Lordship of Christ" (Die Herrschaft Christi).

1.8. Die 8. Mennonitische Weltkonferenz in Amsterdam - 1967

In Amsterdam, Niederlande, fand vom 23. - 30. Juli 1967 zum zweiten Mal eine MWK statt. Zur Zeit der Konferenz gab es in Holland rund 40.000 Mennoniten. Zu den Versammlungen, die unter dem Hauptthema „Das Zeugnis des Heiligen Geistes" standen, erschienen vollzeitige 6000 Teilnehmer, davon etwa 2000 aus Nordamerika. Auch aus manchen anderen Ländern erschienen Teilnehmer, die sich an den Vorträgen, sowie an den Bibelstudien, Gebetsgemeinschaften und an der Abendmahlsfeier am Schluss der Konferenz beteiligten.

Vor der Konferenz waren etwa 10.000 Büchlein angefertigt und an Gemeinden verschickt worden, damit über das Thema in Gemeinden nachgedacht werden konnte. Auch hier wurden wieder Kollekten gehoben, deren Erlös für Mennoniten in armen Ländern ging, wie zum Beispiel für die Erziehung der Indianer in Paraguay, oder für Gemeinden in Indien und Vietnam. Ein Konferenzbuch entstand unter dem Titel „Das Zeugnis des Heiligen Geistes".

1.9. Die 9. Mennonitische Weltkonferenz in Curitiba - 1972

Erstmalig fand 1972 eine MWK in einem Land der „Dritten Welt", in Südamerika, statt. Curitiba, Brasilien, war der Ort der Begegnung der weltweiten Mennonitenfamilie vom 18. - 23. Juli, wo man sich mit dem Thema „Jesus Christus versöhnt" beschäftigte. Ziel war es, Mennoniten und Brüder in Christo aus der ganzen Welt zu vereinen und zu stärken.

Rund 2.000 Besucher aus 33 Länder kamen zur Eröffnungsfeier. Täglich fanden Plenarsitzungen, sowie Bibelstudien und Gruppenarbeiten statt. Auch gab es Austausch in Berufsgruppen und die Möglichkeit, an offenen Versammlungen, an denen durch Tonband, Lichtbilder und Filme verschiedene Aspekte der mennonitischen Mission und Lebensweise weltweit hervorgehoben wurden, teilzunehmen. Am Abend gab es dann offene Versammlungen, an denen sich alle Mennoniten beteiligen durften.

Vor der Konferenz war ein Buch im Auftrag des Präsidiums der Mennonitischen Weltkonferenz und des Lokalkomitees der mennonitischen Gemeinden in Brasilien unter dem Titel „Os Menonitas - Nono Congresso Mundial Menonita" herausgegeben worden. Es erschien in vier Sprachen (Portugiesisch - Spanisch - Deutsch - Englisch) und sollte in Artikeln und Bildern über die Mennonitenwelt in Lateinamerika zu der Zeit informieren, um so das Verständnis und den Sinn für die Mennoniten zu fördern.

Präsident der Mennonitischen Weltkonferenz war Erland Waltner.

Die Mennoniten waren in den 1930-er Jahren nach Curitiba gekommen, und sie bauten Schulen und Fabriken auf. Aus der Missionarischen Tätigkeit entstanden Missionsgemeinden in Curitiba.

Weltweit wurde die Zahl der Mennoniten zu dieser Zeit auf 500.000 geschätzt.

1.10. Die 10. Mennonitische Weltkonferenz in Wichita - 1978

In Wichita, Kansas, USA, fand dann vom 25. - 30. Juli 1978 die 10. Weltkonferenz der Mennoniten statt. Von den 16.000 Besuchern kamen etwa 1.000 nicht aus Nordamerika. In englischer Sprache wurde zum Thema „Das Reich Gottes in einer sich ändernden Welt" referiert. Übersetzt wurde ins Deutsche, Französische, Spanische, Japanische, Niederländische und Taiwanesische.

Ein Hauptmerkmal des Treffens war der Austausch und die Gemeinschaft mennonitischer Vertreter aus verschiedenen Kulturen. Auf der Konferenz gab es allgemeine Versammlungen, sowie Jugendveranstaltungen, Kinderveranstaltungen, Ausflüge, Bibelstudien- und Arbeitsgruppen, Theater und Konzertaufführungen.

Der Leiter dieser Konferenz war Million Belete aus Nairobi in Kenia. Damit kam der Leiter der Weltkonferenz erstmalig aus einer Missionsgemeinde.

1.11. Die 11. Mennonitische Weltkonferenz in Straßburg - 1984

Diese Konferenz fand wieder in Europa, nämlich in Straßburg, Frankreich, statt. Vorbereitet und durchgeführt wurde sie von einem Programm-Komitee, das für die Organisation der Konferenz verantwortlich war, und nicht wie bisher vom MWK-Präsidium. Englisch, Spanisch, Deutsch und Französich waren offizielle Sprachen. In einer Podiumsdiskussion kamen unter anderem auch Indianer aus Nordamerika und aus Paraguay zu Wort. Hervorgehoben wurde der Gedanke, dass der Same des Christentums ausgesät worden sei und nun schon Wurzeln schlage, so dass Indianergemeinden nun auch die Verantwortung für ihre Gemeinden übernehmen könnten.

Sie lief vom 24. - 29. Juli 1984, unter der Teilnahme von rund 6.000 registrierten Mennoniten. Aus mehr als 50 Ländern versammelten sich die Gläubigen zum Thema „Gottes Volk dient in Hoffnung". An den Vormittagen fanden Hauptreferate zum Thema statt, am Nachmittag gab es dann Arbeitsgruppen, Ausflüge, Filme, musikalische Darbietungen und andere Veranstaltungen.

Straßburg war auch Ort der Begegnung zwischen Vertretern des Reformierten Weltbundes und der Mennonitischen Weltkonferenz. Man hatte das Ziel, erste Kontakte aufzunehmen, um die Beziehungen vergangener Jahrhunderte aufzuarbeiten, die nach der Trennung im Dezember 1526 im selben Ort auseinandergebrochen waren. Danach mussten die Täufer blutige Verfolgungen und Aussonderungen von reformierten Kirchen und Obrigkeiten erdulden. Man konnte feststellen, dass viele Fragen auf beiden Seiten dieselben sind. Es war der Beginn einer Begegnung, in der Reformierte und

Mennoniten neu anfingen aufeinander zuzugehen.

Die Abschlussfeier am Sonntag dauerte drei Stunden und wurde von 8.000 Personen besucht, obwohl in Frankreich nur etwa 2.000 getaufte Gemeindeglieder zuhause waren, und sie bestand aus Gesang, Schriftlesung, Zeugnissen und Predigten, bevor sie mit dem gemeinsamen Abendmahl abgeschlossen wurde, das von acht Männern und Frauen aus fünf Kontinenten geleitet wurde und fast 20 Minuten andauerte.

Leiter der Weltkonferenz war damals Charles Christano aus Indonesien. Er beendete die Konferenz, auf der man sich als Brüder und Schwestern begegnet war, mit den Worten: *„Nach dem Abschluss dieser Konferenz beginnt die Arbeit. Wir sind Gottes Volk in dem Maße, in dem wir dienen."* (Bericht - XI Menonite World Conference, Seite 275)

1.12. Die 12. Mennonitische Weltkonferenz in Winnipeg - 1990

In Winnipeg, Kanada, fand vom 24. - 29. Juli 1990 die 12. MWK statt. Die Besucherzahl überschritt die 12.000, die meisten davon aus Kanada und USA, wo zu der Zeit mehr als 300.000 Mennoniten zuhause waren. Das Hauptthema der Konferenz war „Christus bezeugen in der heutigen Welt". Der Präsident dieser Konferenz war Ross Bender aus den USA. Auch hier wurde in sechs Sprachen parallel übersetzt: Deutsch, Spanisch, Französisch, Holländisch, Japanisch und Portugiesisch. Der Glaube wurde nicht nur in einer Sprache, sondern in verschiedenen Sprachen, aber in einem Geist kundgetan. Man schätzte die weltweite mennonitische Glaubensgemeinschaft zu dieser Zeit auf
850.000 Glieder, weniger als die Hälfte sprachen 1990 Deutsch.

Die Abschlussversammlung dieser Konferenz dauerte mehrere Stunden und fand im Fußballstadion in Winnipeg statt, und man schätzte die Teilnehmer auf 30.000, mit denen auch das Heilige Abendmahl gefeiert wurde.

1.13. Die 13. Mennonitische Weltkonferenz in Kalkutta - 1997

Die 13. Mennonitische Weltkonferenz fand dann wieder außerhalb von Europa und Nordamerika statt. Ausgewählt worden war die Stadt Kalkutta in Indien, wo sich die mennonitische Gemeinschaft vom 6. - 12. Januar 1997 unter dem Thema „Höre was der Geist zu den Gemeinden sagt" versammelte.

Auf der Konferenz wurde der weltweite Fonds zur gegenseitigen Unterstützung gestartet, wodurch täuferische Gemeinden in Afrika, Asien und Lateinamerika/ Karibik Unterstützung für Entwicklung und Erhaltung des Lebens ihrer Gemeinden erhalten. Ein Projekt zum Thema „weltweite mennonitische Geschichte", das eine Buchserie in fünf Bänden über die Geschichte der Mennoniten herausgeben will, wurde gestartet. Autoren aus verschiedenen

Kontinenten zeichnen den Weg ihrer Kirche von den Anfängen über Entwicklungen und Mission nach und reflektieren die Erfahrungen, Einsichten und Perspektiven ihrer Gemeinden. Durch diese Geschichten sollen Gemeinden erneuert und das Wachstum von Gemeinden weltweit gefördert werden.

1.14. Die 14. Mennonitische Weltkonferenz in Bulawayo - 2003

So wie die vorige Mennonitische Weltkonferenz fand auch diese in einem Drittweltland statt. Dieses Mal war Bulawayo, eine Stadt in Simbabwe, Afrika, der Ort, wo vom 11. bis zum 17. August 2003 gläubige Mennoniten aus aller Welt zusammenkamen, um zu feiern und Gott anzubeten. Das Thema der Konferenz:

„Gaben teilen in Leiden und Freuden".

Nancy Heisey aus Harrisonburg, Virginia, die die Leitung der MWK nach der Konferenz 2003 bis zur Konferenz in Asunción 2009 inne hatte, äußerte sich wie folgt zu der Konferenz in Bulawayo: „*Während ich durch die internationale Ausstellung ging, wobei ich Bekannte und Fremde begrüßte, fragte ich mich: Warum sind diese Leute alle hier? Was bewegte Jung und Alt, die langen Reisen von Nordamerika, Südamerika, Europa, Asien und anderen Gegenden Afrikas zu machen um sich in Simbabwe zu treffen?*

Es war nicht, weil der Ort exotisch wäre. Wir kamen, um Gaben im Leiden und in Freude zu teilen, weil wir im tiefsten des Herzens wissen, dass Gott uns ruft, um eine globale Glaubensgemeinschaft zu bilden.

Eine Glaubensgemeinschaft soll ein Ort sein der einlädt, eine offene Tür, die denen sagt, die uns beobachten: Willkommen. Wir wollen, dass ihr Jesus kennt und nachfolgt, so wie wir es auch lernen.

Die Gastfreundschaft der Gemeinden Simbambwes hat uns ein konkretes Bild der einladenden Kirche gezeigt. Frauen und Männer haben gearbeitet, um Tausende mit Essen zu bedienen, um die Orte zu finden, die wir suchten, um uns fröhlich ihre Lieder zu lehren.

Eine Glaubensgemeinschaft soll ein Raum der Gespräche sein. So kann Gott auch zu uns reden. Die Gespräche fanden auf den Sitzungen statt, aber auch in den Arbeitsgruppen, beim Austausch von Adressen oder beim Essen und in den Pausen.

Eine Glaubensgemeinschaft soll immer aus Leuten bestehen, die Gott loben, weil wir uns versammeln, um Gott zu loben für die Gabe des Lebens, für seine Liebe. Wir hatten die Gelegenheit, unsere Unterschiede in der Anbetung zu sehen, als wir Gott unsere Gaben darboten im Singen, Tanzen, Sprechen, Geld geben, Bibelstudium und in der Dramatisation. Und immer stellten wir fest: Gott ist gut.

Die Weltkonferenz gab uns die Möglichkeit zu sehen, dass wir nicht alleine sind in unserem alltäglichen Zeugnis. Wenn wir jetzt eine weitere Gelegenheit haben werden, gemeinsam in einer Missionsaufgabe zu arbeiten, Gerechtigkeit zu bezeugen, oder uns theologisch zu bilden, werden wir ein bisschen mehr davon erfahren, was Gott von uns will, dass wir werden."

2003 wurden neue Erklärungen zu Vision und Leitbild der Weltkonferenz angenommen, wobei erstmals von einer „Gemeinschaft von Kirchen" gesprochen wurde:

Die Vision
Die Mennonitische Weltkonferenz sieht sich berufen, eine Gemeinschaft (Koinonia) täuferisch-geprägter Kirchen zu sein, miteinander verbunden in einer weltweiten Gemeinschaft des Glaubens zu Geschwisterschaft, Anbetung, Dienst und Zeugnis.

Das Leitbild
Die Mennonitische Weltkonferenz hat den Auftrag (1) eine weltweite Glaubensgemeinschaft in täuferischer Tradition zu sein, (2) Gemeinschaft zwischen täuferisch geprägten Kirchen weltweit zu fördern und (3) Beziehungen zu anderen christlichen Weltbünden und Organisationen zu knüpfen.

Das Programm
Bilaterale theologische Dialoge, Kommission für Glauben und Leben, Kommission für Frieden, weltweite Mission, Weltjugendgipfel, Austauschprogramm für Jugendliche (YAMEN), weltweites Teilen von Gaben, weltweiter Fonds zur gegenseitigen Unterstützung, Projekt "Weltweite Geschichte" (von Mennoniten und Brüdern), Weltgemeinschaftssonntag, Weltweites täuferisches Bücherregal. Die MWK unterhält solidarische Beziehungen mit Kirchen in Not-, Krisen- oder Konfliktsituationen.

Die Organisation
Die Mitglieds- und assoziierten Kirchen ernennen Delegierte zur Delegiertenversammlung (General Council), die alle drei Jahre zusammenkommt und das Exekutivkomitee wählt. Weltweite Versammlungen finden regelmäßig alle sechs bis sieben Jahre statt. Die 14. Versammlung kam im August 2003 in Bulawayo (Simbabwe) zusammen, die 15. wird im Juli 2009 in Asunción (Paraguay) tagen. Die MWK unterhält ein zentrales Sekretariat, das seinen Sitz gegenwärtig in Straßburg (Frankreich) hat.

1.14.1. Gemeinsame Glaubensüberzeugungen

„Laut Verfassung der MWK ist es Aufgabe der Mennonitischen Weltkonferenz, die Mennoniten, die Brüder in Christo (Brethren in Christ) und verwandte Gruppen weltweit in Gemeinschaft zusammen zu bringen. Durch ihre Aktivitäten unter Führung des Heiligen Geistes sucht sie Glauben und Hoffnung der „weltweiten Bruderschaft" zu vertiefen, ihr Anregungen zu geben und ihr zu helfen, bei ihrem Dienst für diese Welt und das Reich Gottes in größerem Gehorsam ihrem Herrn Jesus Christus zu folgen.

Darüber hinaus möchte die MWK Mitgliedskirchen, speziell Gemeinden, die sich in einer Situation des Leidens und der Krise befinden, Hilfe und Unterstützung geben." Das schreibt Gerhard Ratzlaff im Lexikon für Geschichte und Kultur der Mennoniten in Paraguay.

Diese Aufgaben gründen auf einer gemeinsamen Grundlage. Auf der 14. Vollversammlung verabschiedete man deshalb einen Text, in dem die gemeinsamen Glaubensüberzeugungen wiedergegeben werden. Es heißt dort:

„Durch Gottes Gnade versuchen wir, die gute Nachricht von der Versöhnung in Jesus Christus zu leben und zu verkünden. Als Teil des einen Leibes Christi zu allen Zeiten und an allen Orten halten wir das Folgende für zentral für unseren Glauben und unser Leben:

1. Gott teilt sich uns mit als Vater, Sohn und Heiliger Geist, als Schöpfer, der die gefallene Menschheit wiederherstellen will, indem er sein Volk beruft, das treu ist in der Gemeinschaft, im Gottesdienst, in Dienst und Zeugnis.

2. Jesus ist der Sohn Gottes, der uns durch sein Leben und seine Lehre gezeigt hat, wie wir im Glauben treu sein können, und der durch sein Kreuz und seine Auferstehung die Welt erlöst hat.

3. Die Kirche ist eine Gemeinschaft derer, die Gottes Geist dazu beruft, sich von der Sünde abzuwenden, Jesus Christus als Herrn anzuerkennen, die Taufe auf das Bekenntnis des Glaubens hin zu empfangen und Christus im Leben nachzufolgen.

4. Die Gemeinschaft der Gläubigen legt die Bibel unter der Leitung des Heiligen Geistes im Lichte Jesu Christi aus, um Gottes Willen für ein gehorsames Leben zu erkennen.

5. Der Geist Jesu befähigt uns, Gott in allen Lebensbereichen zu vertrauen, so dass wir Friedenstifter werden, die der Gewalt absagen, unsere Feinde lieben, Gerechtigkeit suchen und unseren Besitz mit denen teilen, die in Not sind.

6. Die Gemeinschaft der Gläubigen versammelt sich regelmäßig zum Gottesdienst, um das Abendmahl zu feiern und Gottes Wort zu hören in dem Bewusstsein, dass wir einander verpflichtet sind.

7. Wir wollen in der Welt leben ohne den Mächten des Bösen gleich zu werden;

wir bezeugen Gottes Gnade, indem wir anderen dienen, uns um die Schöpfung bemühen und alle Menschen einladen, Jesus als Heiland und Herrn zu erkennen. In diesen Überzeugungen sind wir geprägt durch die täuferischen Vorfahren im16. Jahrhundert, die uns eine radikale Nachfolge Jesu Christi beispielhaft vorgelebt haben. In der Kraft des Heiligen Geistes gehen wir unseren Weg im Namen Gottes und hoffen vertrauensvoll auf die Wiederkunft Christi und die Vollendung des Reiches Gottes."

1.14. Die 15. Mennonitische Weltkonferenz in Asunción

Die 15. Versammlung der MWK fand dann vom 13. - 19. Juli 2009 in Asunción, Paraguay, statt. Damit beschäftigen wir uns insbesondere in diesem Buch.

Die weltweite mennonitische Gemeinschaft umfasste zur Zeit der Konferenz in Asunción rund 1,6 Millionen getaufte Mitglieder, die weltweit in mehr als 100 Ländern und nationalen Konferenzen zusammengeschlossen sind.

2. Paraguay im Blickpunkt der MWK
2.1. Mennoniten in Paraguay

In Paraguay gibt es ungefähr 32.000 getaufte Mennoniten in 21 Gemeindeverbänden. Acht dieser Verbände mit insgesamt 22.000 Mitgliedern waren die offiziellen Gastgeber der 15. Weltkonferenz. Davon sind drei deutschsprachig, drei sind indigen und zwei spanischsprachig.

Die Mennoniten kamen durch die Einwanderung deutschsprachiger Vorfahren nach Paraguay. 1926 - 1927 kamen die ersten Einwanderer von Kanada in den Chaco und gründeten die Kolonie Menno. Später kamen Flüchtlinge aus der ehemaligen Sowjetunion und gründeten auch im Chaco die Kolonie Fernheim. Siedler aus Russland, Kanada, Mexiko und anderen Ländern haben weitere Kolonien gegründet. Die Mehrheit der Einwanderer und ihrer Nachkommen lebt in 15 Kolonien über das ganze Land verteilt und in Asunción.

Grundlage dieser Einwanderung bildet das Gesetz Nr. 514, das von der paraguayischen Regierung im Juli 1921 verabschiedet wurde. Es beinhaltet u.a. die Befreiung vom Wehrdienst, die Freiheit, den eigenen Glauben zu leben und lehren, eigene Schulen zu führen und die Witwen- und Waisenangelegenheiten zu regeln.

Als die erste Gruppe mennonitischer Einwanderer aus Kanada am 28. Dezember 1926 in Asunción ankam, erfolgte ein Austausch mit Regierungsbeamten. Zuerst sprach der paraguayische Staatspräsident, Eligio Ayala, persönlich in Deutsch zu den Einwanderern und hieß sie herzlich willkommen. Ein Prediger der Gruppe erwiderte die staatsoberhäuptliche Begrüßung mit folgenden Worten: *An die hohe Exzellenz, dem Präsidenten der*

Republik von Paraguay, samt allen seinen Räten! Wir, als Vertreter und Leiter der ersten Mennonitengruppe von Manitoba, bringen Ihnen im Namen dieser Gruppe und derjenigen Gruppen, die noch folgen werden, für die gewährten Privilegien, welche unsere Gesandten im Jahre 1921 von der hohen Regierung Paraguays erhalten haben, den allerinnigsten Dank dar! Wir danken auch für die gegenwärtig uns erwiesene Liebe, unser Volk persönlich willkommen zu heißen. Und nun wollen wir unser Möglichstes versuchen, den erhaltenen Privilegien gerecht zu werden. Wir wünschen Ihnen als unseres Landes Vater, und allen hohen Räten des Landes, Gesundheit und Wohlergehen und ein weises, verständiges Herz, das Land in Wahrheit und Gerechtigkeit zu regieren. Möge des Herrn Segen dieses mit einem - Amen - krönen! Darauf sprach Herr Genaro Romero, Präsident des Einwanderungsamtes, zu den Einwanderern. Seine Rede wurde ins Deutsche übersetzt.

Die Tageszeitung EL DIARIO vom 29. Dezember brachte folgenden Willkommengruß: *Vor den 309 angekommenen Mennoniten entfaltete sich heute Morgen das Bild Asuncións. Und zwischen dieser alten Stadt, die so reich an geschichtlichen Ereignissen, und dem Pilgerzug dieser Schwalben, die ins Land gekommen sind, sich hier ihre Nester zu bauen, entspann sich ein reichhaltiges Zwiegespräch, ohne dass viel gesagt wurde. Es ist dieses die Vorhut eines mächtigen Heeres, ins Land gekommen, unseren Besitz zu verstärken; ein Heer des Friedens, das den Pflug als Angriffswaffe mit sich führt und das Kreuz Christi als Verteidigungswaffe präsentiert - den Pflug, ihn einzusetzen in der Scholle, das Kreuz zum Wohle der Seelen.*

Diese Leute kommen nicht mit leeren Händen; sie kommen nicht, um zu betteln; sie kommen, zu geben. Glaubensvoll und geisterfüllt geben sie sich für diese Sache. Vor ihnen breitet sich der Chaco aus wie ein warmer Schoß, und Paraguay, zum Gruße erhoben, heißt sie herzlich willkommen!

Im Chaco begegneten die Siedler indigenen Gruppen, vor allem den Enlhet (Lengua) die im Siedlungsgebiet der Mennoniten nomadisierten, und begannen nach einigen Jahren die Missionierung der Ureinwohner, wodurch unter diesen Gemeinden entstanden, die heute weitgehend selbstständig sind und auch Mitglied in der MWK.

Durch die Missionsarbeit der Mennonitengemeinden mit deutschsprachiger Herkunft wurden auch zwei spanischsprachige Gemeindeverbände aus Paraguay Mitglieder der MWK.

2.2. Die Wahl Paraguays zum Konferenzland

Schon vor der 14. Mennonitischen Weltkonferenz, die vom 11. - 17. August 2003 in Bulawayo, Simbabwe in Afrika stattfinden sollte, hatten sich die

Konferenzen der Mennonitengemeinden aus Paraguay darauf geeinigt, dass sie Paraguay als Organisator der 15. Mennonitischen Weltkonferenz anmelden wollten.

Am 12. Juni 2003 versammelten sich Vertreter der vier größten Konferenzen Paraguays (Konferenz der deutschen und spanischen Mennonitengemeinden und Brüdergemeinden), um über die Veranstaltung der 15. Mennonitischen Weltkonferenz im eigenen Land zu beraten. Diese Gruppe sprach dann einstimmig das Interesse aus, die Weltkonferenz im Jahre 2009 in Paraguay zu veranstalten.

Gründe zur Veranstaltung dieses großen Treffens, die in einem Schreiben von Herrn Werner Franz in Vertretung der am Vortag versammelten Vertreter der mennonitischen Konferenzen aufgeschrieben wurden, schickte man an den Generalsekretär der Mennonitischen Weltkonferenz, Herrn Larry Miller. Überlegungen, die darin enthalten waren, und somit eine weltweite Veranstaltung nach Paraguay zu verlegen rechtfertigten:

1. Verschiedene mennonitische Missionsorganisationen, das MCC, MEDA u.a. haben in Vergangenheit viele in Paraguay investiert. Die Verbindungen zu der globalen mennonitischen Familie sind deshalb intensiv.

2. Eine Veranstaltung wie die Weltkonferenz in Paraguay würde die Möglichkeit geben, die Zusammenarbeit zwischen verschiedenen mennonitischen Kirchen zu stärken, und man meinte, dass eine große Gruppe freiwilliger Mennoniten mit unterschiedlichen kulturellen Hintergründen eine wichtige Grundlage bilden würden, um die Weltkonferenz 2009 in Paraguay zu veranstalten.

3. Mennoniten aus Paraguay würden einen großen Nutzen davon haben, wenn sie Mennoniten und Wiedertäufer aus aller Welt begegnen würden. Manche der Paraguaymennoniten hatten noch gute Erinnerungen von den Versammlungen des Generalkonzils der Mennonitischen Weltkonferenz 1987 in Filadelfia (Chaco). Etwas Ähnliches, aber in einem viel größeren Rahmen, wäre inspirierend und herausfordernd für uns, meinte man.

4. Mennoniten aus Paraguay sind immer mehr in der Öffentlichkeit aktiv. Die Weltkonferenz in Paraguay 2009 könnte so das öffentliche Zeugnis und unsere Identität bestärken. Es könnte auch eine gute Unterstützung für die Mennoniten in Paraguay sein.

5. Wir sind der Meinung, dass wir der globalen mennonitischen Familie etwas zu bieten haben: Modelle, das Werk Gottes in der Welt zu bauen, wie: Missionswerke und Entwicklungswerke mit den Eingeborenenvölkern, Bau von Kirchen in sehr verschiedenen Umfeldern, transkulturelle und interdenominationelle Zusammenarbeit in vielen verschiedenen Institutionen, Schulen, Hospitälern, Kommunikation usw.

6. Die Unterstützung, die wir von unseren Brüdern und Schwestern aus

Uruguay, Brasilien, Argentinien und Bolivien erhalten, macht uns Mut, zur Vollversammlung 2009 nach Paraguay einzuladen.

7. Wir meinen, dass die Infrastruktur, die wir anbieten können, ausreichend sein wird, um die „vereinte Versammlung" (möglicherweise in Asunción), sowie die „zerstreute Konferenz" (Gemeinden und andere mennonitische Einrichtungen in anderen Teilen Paraguays, wie auch Gemeinden und Institutionen der Mennoniten in anderen Ländern des Cono Sur) durchzuführen.

Auf der Konferenz in Bulawayo wurde diese Einladung mit Applaus angenommen, und aufgrund dieser Einladung und weiterer Kontakte zu Vertretern der Weltkonferenz und Informationen zu Paraguay führten dann zu der Entscheidung, dass Paraguay Austragungsort der 15. Mennonitischen Weltkonferenz werden sollte.

Ray Brubacher, Internationaler Koordinator der 15. Mennonitischen Weltkonferenz, wollte die Ausländer motivieren, zur Weltkonferenz nach Paraguay zu kommen, und formulierte „Zehn Gründe, um nach „Paraguay 2009" zu reisen:

1. Die Erfahrung, wie Brüder und Schwestern aus dem Süden die Schriften auslegen.
2. Teil sein im Bau der globalen Glaubensfamilie, die sich jedes sechste Jahr trifft.
3. Die Arbeit der weltweiten Gemeinde sehen.
4. Von Zeugen aus erster Hand die unglaubliche Geschichte erfahren, wie Mennoniten nach Paraguay gekommen sind und Gemeinschaften, Unternehmen, Kirchen und Schulen mit wenig Mitteln aufgebaut haben.
5. Gemeinsam mit anderen in den Sprachen anderer Lieder singen.
6. Hunderte von Jugendlichen kennen lernen, die am Jugendgipfel teilnehmen.
7. Vereint sein im Geist der Demut und neue Perspektiven lernen.
8. Davon lernen, wie Mennoniten Deutscher Herkunft und Indianermennoniten gemeinsam leben.
9. An Veranstaltungen teilnehmen, an denen sich Leute mit gleichen Berufen und Interessen versammeln.
10. An der verstreuten Versammlung teilnehmen und verschiedene Orte in Lateinamerika besuchen.

Gott ruft uns nach Paraguay!

2.3. Organisation und Vorbereitungen

Als es erst bestimmt war, dass die 15. Vollversammlung der Mennonitischen Weltkonferenz im Jahre 2009 in Paraguay stattfinden würde, ging man an die konkreten Vorbereitungen zur Durchführung derselben.

Am 8. und 9. April 2005 traf sich zum ersten Mal eine Gruppe von Vertretern mennonitischer Organisationen aus Paraguay mit dem internationalen Koordinator der Mennonitischen Weltkonferenz, Ray Brubacher, in Asunción, um über die Organisation der 15. Vollversammlung der Mennonitischen Weltkonferenz in Paraguay im Jahre 2009 zu beraten.

Man beriet über den Austragungsort der Konferenz und erwog schon beim ersten Mal den späteren Versammlungsort, obwohl das Centro Familiar de Adoración (CFA) 2006 noch lange nicht fertig gestellt war. Andere Möglichkeiten wurden auch gesucht: Club Sol de América, Club Cerro Porteño, Villa Hayes. Die Planungen fingen gleich an und die Suche von verantwortlichen Leuten, die voll in die Arbeit einsteigen würden, begann.

Als Leiter des nationalen Koordinationsrates suchte man Ernst Weichselberger aus. „Ich wusste nicht, dass Gott ein weiteres Kapitel in meinem Leben vorbereitet hatte", sagte Weichselberger, als er die Zusage für diese neue Herausforderung gab (Protokoll 20. und 21. Oktober 2006).

Das bedeutete, Unterkomitees zu gründen und Leiter für die verschiedenen Komitees zu finden, einen Ort für die Vollversammlungen, sowie hunderte Mitarbeiter zu arrangieren, die für die vielen großen und kleinen Aufgaben zuständig sein würden. Die Arbeit wird in den verschiedenen Teams organisiert, nachdem die Mitarbeiter gefunden wurden. Einige von diesen haben dann in den zwei Jahren vor der Konferenz in Asunción vollzeitig im dafür eröffneten Büro gearbeitet, geplant, organisiert, Sitzungen durchgeführt und Besuche in Gemeinden und Konferenzen gemacht, um für die Konferenz zu werben und alle Arbeiten in die Wege zu leiten.

Aus den kontinentalen Konferenzen sind Vertreter in einem Organisationskomitee zusammengeschlossen. Das Komitee setzt sich dann für die praktische Vorbereitung einer Konferenz ein. Aber man erledigt die Arbeit nicht alleine, sondern organisiert viele Unterkomitees oder Ausschüsse, die die einzelnen Bereiche verantwortlich tragen.

Eine der größten Herausforderungen war es, ein Verpflegungskomitee (FSC - Food Service Committee) zu erstellen, das für die Planung der Mahlzeiten und später für die Durchführung derselben verantwortlich war. Weitere Komitees waren verantwortlich für die Unterbringung der Teilnehmer, die Transporte, Verpflegung, Ausflüge, Medizinische Betreuung, Dolmetscher, Kinderbetreuung, Ordnungsdienst und Ausstellung, sowie viele andere.

In Asunción richtete man ein Büro ein, von dem aus die ganzen Vorbereitungsarbeiten koordiniert und durchgeführt wurden.

Anmeldeformulare wurden angefertigt und verschickt oder im Internet auf der MWK-Webseite zum Ausfüllen veröffentlicht, damit die Anmeldungen schon mindestens ein Jahr im Voraus anlaufen konnten. Ab Juli 2008 durften sich

Mennoniten aus Paraguay anmelden, und dazu reisten Vertreter auch durch die Kolonien und Gemeinden, um für die Konferenz zu werben. Auch auf der Expo Rodeo Trébol im August 2008 im Chaco war das Weltkonferenzbüro aus Asunción mit einem Stand vertreten, um über die Konferenz im kommenden Jahr zu informieren.

In gewissen Abständen kamen auch internationale Vertreter der MWK nach Paraguay, um sich vor Ort über die Vorbereitungen zu informieren. So war der internationale Koordinator, Ray Brubacher vom 2. - 19. September 2008 in Asunción, um mit Unterkomitees Sitzungen durchzuführen und bei weiteren Planungen behilflich zu sein.

Auch der antretende Präsident der Mennonitischen Weltkonferenz, Danisa Ndlovu aus Simbabwe, besuchte Paraguay und forderte die Mennoniten im Land auf, diese Gelegenheit nicht zu verspassen, um mit Brüdern und Schwestern aus aller Welt zusammen zu feiern und sie kennen zu lernen.

Langsam aber sicher kamen die Vorbereitungen zur 15. Mennonitischen Weltkonferenz in Paraguay ins Rollen.

2.4. Anmeldungen und Besucher

Einer der wichtigen Bereiche der Vorbereitungen für die Weltkonferenz war die Anmeldung der Besucher. Schon ein paar Jahre vor der Konferenz fing man damit an, Anmeldeformulare vorzubereiten und Leute über Gemeinden und Konferenzen zu der A-15 in Paraguay einzuladen. Zuerst liefen die Anmeldungen nur schleppend, d.h., es meldeten sich wohl längere Zeit im Voraus Hunderte von Besuchern aus dem Norden, aber aus den südlichen Ländern, auch aus Paraguay, meldeten sich nur wenige Interessenten an. In den letzten Wochen und Tagen vor der Konferenz konnten dann doch noch viele - etwa so viele wie man es sich vorher vorgenommen hatte - Anmeldungen entgegen genommen werden.

Am meisten Interesse wiesen in der ersten Anmeldezeit die Mennoniten aus Nordamerika, wohl, weil es viele verwandtschaftliche Bindungen nach Paraguay gibt, und weil die deutschsprachigen Mennoniten in den Kolonien Paraguay denselben geschichtlichen Hintergrund haben.

Die Anmeldefrist lag zuerst bis zum 1. März 2009. Da von vielen Seiten darum gebeten wurde, sich noch etwas länger zum Normalpreis anmelden zu können, wurde die Frist bis zum **15. April 2009** verlängert. Danach wurde ein Aufpreis von 25% berechnet.

Um die Teilnahme von Mennoniten aus den Entwicklungsländern zu ermöglichen, wurden, wie auch schon bei vorherigen Konferenzen, Preisunterschiede gemacht. Das bedeutet, dass Teilnehmer aus Europa und Nordamerika einen erhöhten Preis zahlten, so dass Leute aus Afrika, Asien und auch aus Lateinamerika teilnehmen konnten, wenn sie einen gemäßigteren Preis zahlten. Auch gab es die Möglichkeit, bei der Anmeldung Geld für Teilnehmer aus armen Ländern zu spenden.

Eine Liste mit den Teilnehmern der 15. Mennonitischen Weltkonferenz nach Kontinenten, wie sie nach Abschluss derselben zur Verfügung gestellt wurde, folgt unter Punkt 10.

Für die anreisenden Besucher hatte man in den Tagen vor Konferenzbeginn am 14. Juli einen Transportdienst zwischen dem Asuncioner Flughafen bzw der Busstation und der jeweiligen Unterkunft organisiert. Dasselbe auch für die Tage nach der Konferenz, in denen die Teilnehmer aus dem Ausland abreisten. Es war schon eine Herausforderung für die Organisatoren, in wenigen Tagen den mehr als 2.700 ausländischen Besucher Hilfe bei der Ankunft und Abreise anzubieten. Der letzte Tag für diesen Service war der 23. Juli. Während der Konferenztage sorgte die MWK dafür, dass die Teilnehmer in Taxis und Kleinbussen vom Konferenzort, dem Centro Familiar de Adoración - CFA -, zu ihren Unterkünften in Heimen, Hotels und Freizeitlagern und zurück gebracht wurden.

In Kleinbussen organisierte man auch die Gruppen für die Ausflüge bzw. Tagesrundfahrten der kleinen Gruppen im Laufe der Konferenzwoche.

Wenn es manchmal auch viel Laufarbeit gab, so wurden die Transporte doch grundsätzlich erfolgreich erledigt, so dass die Reisenden zu ihren Zielen Kommen konten.

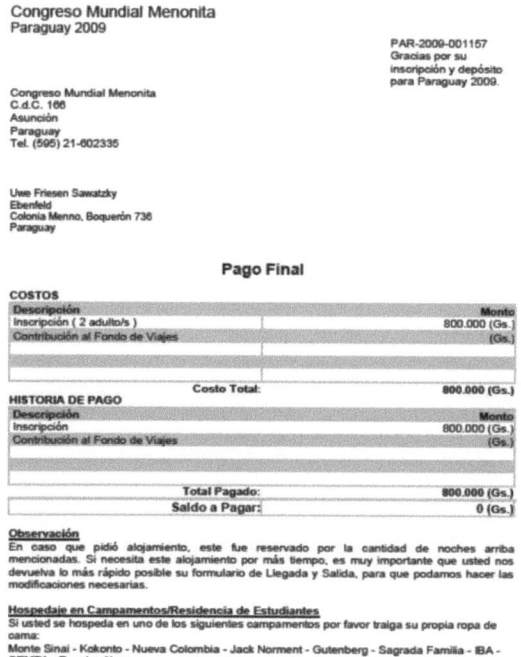

Anmeldeformular: Anmeldung 1157 - Uwe Friesen Sawatzky

3. Der Welt-Jugendgipfel - Global Youth Summit - GYS
3.1. Der erste Welt-Jugendgipfel 2003 in Simbabwe

Schon auf der 14. Mennonitischen Weltkonferenz in Simbabwe im Jahre 2003 fand vom 7. bis 10. August ein Weltgipfel der Jugend statt, an dem sich mehr als 220 Jugendliche täuferischer Gemeinden aus 28 Ländern beteiligten. Dort wurden Überzeugungen, Visionen und mögliche Handlungsweisen entwickelt, die als Basis für einen Austausch und für weitere Gespräche

mit Jugendlichen aus den Vertretergemeinden, Konferenzen und der MWK gelten sollten. Deshalb beschäftigte man sich auch vor allem mit vier Bereichen, die man für wichtig hielt, sie den Gemeinden mitzuteilen:
- 1. Der Prozess des GYS

- 2. Engagement von Jugendlichen
- 3. Die Rolle von lokalen Gemeinden und Konferenzen im Bezug auf junge Menschen ihrer Gemeinden
- 4. Die Rolle der MWK in Bezug auf die jungen Menschen ihrer Gemeinden.

In diesen vier Bereichen schlug man eine Reihe von konkreten Handlungsweisen vor, die sowohl die Jugend als auch die Gemeinden stärken sollten, und die Möglichkeiten für weitere Gespräche bieten sollten.

Es wurde eine Vorarbeit geleistet, indem in den letzten zwei Jahren engagierte junge Menschen und andere interessierte Gemeindeglieder in der ganzen Welt mit dem Prozess beschäftigt waren, der in drei Phasen ablief: einer Umfragephase, einer Phase der Diskussion und Erkenntnis in Zimbabwe und eine Handlungsphase.

Während der Umfragephase bekamen 28 junge Menschen aus 23 Ländern als Delegierte die Aufgabe, die Umfrage unter jungen Menschen ihrer Konferenz zu leiten. Die Umfrage war dazu bestimmt, die entscheidenden Themen im Leben junger Menschen in den Gemeinden sowie mögliche Antworten auf diese Herausforderungen herauszuarbeiten. Die Ergebnisse wurden zusammengefasst und an das Planungskomitee des GYS geschickt, wo eine Gesamtzusammenfassung der Umfragen erstellt wurde.

Unter den entscheidenden Themen wurden Arbeitslosigkeit, Ausbildungsherausforderungen, Gewalt und die Schwierigkeit, als Christen in einer pluralistischen Gesellschaft zu leben, genannt. Die Umfrageergebnisse bildeten die Grundlage für das Gespräch zwischen Delegierten und Teilnehmenden des GYS in Zimbabwe.

Während der zweiten Phase, dem GYS in Zimbabwe, haben Delegierte und Teilnehmende aus der ganzen Welt die Gemeinsamkeiten und Unterschiede der Probleme, mit denen sie umgehen müssen, diskutiert. Während der Diskussion wurde aber der Blickwinkel von den Problemen auf mögliche Lösungen gelenkt.

Fast zwei Tage haben sich die Delegierten in kontinentalen Gruppen getroffen, wonach sie als globale Gruppe zusammentrafen, um von ihren Diskussionen und Ideen zu berichten. Diese Ergebnisse nahmen die Delegierten mit in drei Gruppen mit Vertretern aller Kontinente, um eine gemeinsame Visionen zu formulieren und konkrete Vorgehensweisen zu erarbeiten, um damit zu beginnen, auf Anliegen von Jugendlichen aufmerksam zu machen.

Die Phase drei des GYS ist eine Handlungsphase, eine Ausgangsbasis für eine anhaltende Auseinandersetzung mit dem GYS Prozess, der mögliche

Handlungsweisen vorschlägt, welche junge Menschen und Gemeinden

anpacken können, um das umzusetzen, was in Phase eins und zwei erarbeitet wurde.
Daraufhin wurde die anschließende Erklärung verabschiedet:

Verbindlichkeitserklärung der Jugendlichen
Der GYS hat jungen Menschen ein Forum geboten, sich über die Beziehung zu ihren Gemeinden auszutauschen und sich in der Verbindlichkeitserklärung zum Engagement in ihren Gemeinden zu unterstützen. Eins der wichtigsten Ergebnisse, das aus dem GYS hervorgegangen ist, ist wahrscheinlich das bessere und tiefere gegenseitige Verständnis für die Gemeinschaft unter täuferischen Jugendlichen. Der GYS bewies sich als eine Zeit der Ermutigung und, Unterstützung von Jugendlichen in ihrer Hingabe Christus nachzufolgen. Zusätzlich haben junge Menschen miteinander überlegt, wie sie ihre Beziehungen, Verbindlichkeiten und Identität als täuferische Jugendliche konkretisieren können. Die folgenden Punkte fassen die Verbindlichkeiten, welche die Jugendlichen eingegangen sind, zusammen.

- **Netzwerk und Kommunikation**
- Wir verpflichten uns, auf nationaler, kontinentaler und globaler Ebene zusammenzuarbeiten
- Wir verpflichten uns, mit den Jugenddelegierten des GYS in Kontakt zu bleiben
- Wir verpflichten uns, bei der Vorbereitung des nächsten GYS mitzuarbeiten

- **Verpflichtung zum Dienen**
- Wir verpflichten uns, Zeit für den Dienst einzusetzen
- Wir verpflichten uns, Risiken einzugehen und Initiative zu ergreifen
- Wir verpflichten uns, präsent zu sein und uns in den lokalen Gemeinden und Konferenzen zu engagieren
- Wir verpflichten uns, jüngere Jugendliche zu begleiten und in der Nachfolge zu schulen
- Wir verpflichten uns, unsere Gaben miteinander zu teilen und einzubringen
- Wir verpflichten uns, ein Leben nach täuferischen Grundsätzen zu leben und dem Beispiel Jesu zu folgen

- **Bereitschaft sich unterzuordnen**
- Wir verpflichten uns, mit den Gemeindeleitenden zusammenzuarbeiten und uns ihnen zu unterstellen auf lokaler, kontinentaler und globaler Ebene.

Die Rolle der lokalen Gemeinden und Konferenzen
Als einen Teil des GYS Prozesses haben junge Menschen aufgezeigt, in welcher Weise ihre Lokalgemeinden und Konferenzen sie unterstützen könnten. Die nachfolgenden Punkte geben einen Überblick über konkrete Vorschläge,

von denen wir erhoffen, dass sie einen dauerhaften Dialog mit den Lokalgemeinden, Konferenzen und Leitenden unterstützen.

- **Netzwerk und Kommunikation**
- Die Organisation von nationalen und kontinentalen Jugendkonferenzen
- Bessere Verbreitung von Informationen über mennonitische Ereignisse, Anliegen und Treffen unter jungen Menschen. Z.B. sicherstellen, dass Jugendliche den Zugang zum „Courier" haben.
- Mehr Austausch und Besuche von Jugendlichen auf nationaler, kontinentaler und globaler Ebene fördern
- Nach Wegen suchen, wie Jugendliche den Zugang zu Kommunikationstechnologien bekommen, die es ermöglichen, miteinander in Kontakt zu bleiben.
- **Dialog und Beziehungen zwischen den Generationen**
- Sicherstellen, dass Jugendliche in Gemeindevorständen und anderen Leitungsgremien vertreten sind
- Delegierte der Weltkonferenz sollten ihre jeweiligen GYS Vertreter kennen und eine fördernde Beziehung zu ihnen aufbauen
- Es sollten Mentoring Programme entstehen, die helfen, für den Jugendkontext sensibel zu werden und fördernde Beziehungen einzugehen
- Regelmäßige Treffen veranstalten bei denen Jugendliche und Erwachsene füreinander relevante Themen diskutieren
- **Administration und Finanzierung**
- Jugendlichen Verantwortung in administrativen und Budgetierungsaufgaben übertragen und sie darin anleiten
- Dafür Sorge tragen, dass die Finanzierung von Reisekosten zu Konferenzen für Jugendliche sichergestellt ist
- Nationale und internationale Gemeindebeziehungen und nach Möglichkeiten für Unterstützung auf internationaler Ebene suchen. Zum Beispiel könnte ein Gemeindemitglied in Europa einen jungen Menschen aus Asien unterstützen, der sonst an dem Treffen nicht teilnehmen könnte und auch von seiner Gemeinde nicht genügend Unterstützung bekommen könnte.
- Wirtschaftliche- und Ausbildungsinitiativen von Jugendlichen unterstützen.

Die Rolle der MWK

Als einen Teil des GYS Prozesses haben junge Menschen aufgezeigt, in welcher Art die MWK sie unterstützen kann. Die nachfolgenden Punkte geben einen Überblick über konkrete Vorschläge, von denen wir erhoffen, dass sie zu einem weiterführenden Dialog mit der MWK führen.

- **Netzwerk und Kommunikation**

- Den GYS weiterführen, d.h. bei der nächsten Weltkonferenz wieder einen
- GYS veranstalten
- Die Kerngruppe der GYS Delegierten alle drei Jahre zu den Delegiertenversammlung der MWK einladen
- Bei der Durchführung von kontinentalen Jugendtreffen vor dem nächsten GYS Treffen unterstützen
- Jugendlichen eine regelmäßige Jugendseite im Courier anbieten
- Bei der Einrichtung einer Homepage für GYS Teilnehmende helfen, auf der Berichte aus den verschiedenen Kontinenten, Gebetsanliegen, Diskussionen, kommende Veranstaltungen und Kontakte bekannt gegeben werden können.

• **Dialog und Beziehungen zwischen den Generationen**
- Jugendlichen die Möglichkeit geben, in der Delegiertenversammlung der MWK vertreten zu sein. Zum Beispiel einen Jugendlichen aus jedem Kontinent zur Delegiertenversammlung zulassen.
- Jugendlichen Vertretern das Recht geben, über Anliegen, die sie betreffen mit abzustimmen

• **Administration und Finanzierung**
- Jugendlichen Verantwortung in administrativen und Budgetierungsaufgaben übertragen und sie darin anleiten. Zum Beispiel wie ein regelmäßiger Beitrag im Courier oder eine GYS Homepage verwaltet werden könnte.
- Den Lokalgemeinden helfen, internationale Unterstützung zu organisieren um Jugenddelegierte zu einem zukünftigen GYS oder einer kontinentalen Jugendkonferenz zu senden.
- Informieren und helfen, Strategien zu entwickeln, um materielle Ressourcen zwischen Gemeinden auszutauschen. Zum Beispiel wie Gemeinden ohne Computer oder anderen Kommunikationsmitteln diese bekommen könnten.
- Wirtschaftliche- und Ausbildungsinitiativen von jungen Menschen unterstützen

Folgerung

Wir, die jungen Menschen der Mennonitischen und der Brüder-in-Christo Gemeinden, sind dankbar für die Möglichkeit, welche die Mennonitische Weltkonferenz uns gegeben hat, an der globalen Gemeinde teilzunehmen und unseren Beitrag zu leisten. Der GYS hat einen Raum geschaffen, in dem wir die Freiheit haben, voneinander zu lernen und Beziehungen über Grenzen, Sprachen, Kulturen und Erfahrungen hinaus entstehen zu lassen. Es war ein Raum, in dem wir über die MWK und unsere Leiter lernen und mit ihnen zusammen aktiv werden konnten. Wir hoffen eine weitergehende Zusammenarbeit zwischen den Generationen auf lokaler und globaler Ebene zu *sehen.*

3.2. Der zweite Welt-Jugendgipfel 2009 in Asunción

Vor der 15. Mennonitischen Weltkonferenz in Asunción versammelten sich 47 Delegierte aus 38 Ländern und mehr als 700 Jugendliche aus den mennonitischen Gemeinden weltweit zum zweiten Weltjugendgipfel.

Der Gipfel fand im Colegio Gutenberg statt, und das Programm umfasste Arbeitsgruppen, Vollversammlungen, kulturelle und sportliche Begegnungen, Sketche, Zeugnisse, Anbetung und Predigten.

Die Gutenbergschule hat 34 Klassenzimmer, in denen Jugendliche untergebracht waren und auch Arbeitsgemeinschaften stattfanden, einen großen Speisesaal, eine Kantine, eine Sporthalle mit Platz für etwa 3.000 Besucher, einen großen Hof, Toiletten und Duschen, so dass der Ort angemessen war für die Durchführung des Jugendgipfels.

Emmanuell Ummel aus der Schweiz, Deligierter für den Weltjugendgipfel, begrüßte die Teilnehmenden des Weltjugendgipfels mit den nachfolgenden Worten: *„Es ist etwas besonderes, mit euch zum ersten Gottesdienst in Asunción zusammen zu sein. Christus bringt uns zusammen, Christus heißt uns willkommen, Christus versöhnt uns. Es ist ein Wunder, dass wir uns hier alle treffen können. Wir kommen aus der ganzen Welt, wir haben unterschiedliche Kulturen, unterschiedliche Sprachen, aber uns verbindet ein gemeinsamer Glaube.*

Manche von euch leben hier, manche sind zum ersten Mal in ein Flugzeug gestiegen, andere können sich gar nicht mehr erinnern, wann sie das erste Mal geflogen sind... Es gibt auch zwei unter uns, die mit dem Fahrrad aus den USA hier her gekommen sind.

Manche von euch kommen aus Ländern, die Kriege haben, manche aus Ländern, in denen Christen verfolgt werden.

Manche sind mit Freunden gekommen, andere mussten ihre Freunde und Familie zu Hause lassen. Und dann gibt es Teilnehmende, die wir vermissen, die nicht kommen konnten, weil sie Probleme mit den Visa hatten, aus wirtschaftlichen oder gesundheitlichen Gründen.

Wir leben in einer Welt der Ungerechtigkeit mit globaler Erwärmung, Weltwirtschaftskrise, in einer Welt, in der Energievorräte ungerecht verteilt werden, weil einige von uns zu gierig sind, und als Schweizerin weiß ich, wovon ich rede. Um Dinge zu verändern brauchen wir Versöhnung. Durch Versöhnung kommen wir Gottes Reich näher. Um konkret zu zeigen, dass wir den Willen zur Versöhnung haben, lasst uns gegenseitig die Hände schütteln und uns gegenseitig begrüßen."

Die Delegierten hatten sich schon vorher durch Gespräche mit Jugendlichen aus ihrem Land auf das Thema „Dienen - Lebe den Unterschied" vorbereitet. An den Nachmittagen arbeiteten sie abwechselnd in kontinentalen und interkontinentalen Gruppen daran, wie sie in ihrer Nachbarschaft, ihrem Land und ihrer Welt einen Unterschied leben können.

Die Teilnehmer des GYS durften an verschiedenen Workshops sowie Sportangeboten teilnehmen und Gleichaltrige aus aller Welt kennenlernen. Viel Zeit wurde damit verbracht, miteinander zu sprechen, wobei auch viele neue Freunde kennengelernt wurden.

An den Vormittagen und Abenden versammelten sich alle Teilnehmer zu Gottesdiensten, die jeweils von einem Kontinent gestaltet wurden, und wo die Vielfalt der weltweiten Mennonitenjugend zum Zuge kam.

Für den Gottesdienst am Samstagabend waren auch alle Jugendlichen eingeladen, die sich nicht für den GYS eingeschrieben hatten. So nahmen etwa 1.500 Jugendliche an dem Programm teil. Auch aus dem Chaco waren einige Busse mit Jugendlichen extra für dieses Programm angereist.

3.2.1. Teilnehmer berichten vom Jugendgipfel

Verschiedene Teilnehmer am Jugendgipfel haben ihre Eindrücke nach der Konferenz aufgeschrieben. Dadurch öffnet sich ein Einblick in die unterschiedlichen Aktivitäten und in die Verschiedenartigkeit der Kulturen, die als Mennoniten ihren Glauben leben und äußern. Weil sich die jungen Leute ohne Absprache äußern, kommt es vor, dass sich Eindrücke wiederholen, wodurch bestätigt wird, dass ihnen einige Punkte besonders aufgefallen sind und einen bleibenden Eindruck hinterlassen.

a. Leander Funk, Kolonie Menno, Paraguay

„Dienst: lebe den Unterschied!" war das Motto des Jugendgipfels in Paraguay. Von Freitag, den 10. bis Sonntag den 12. Juli versammelten sich rund 800 mennonitische Jugendliche aus der ganzen Welt (38 Ländern), um Gott in seinem Wort, in der Anbetung und im Zusammensein mit anderen Christen neu zu begegnen.

Der Jugendgipfel war für mich eine Möglichkeit, die Einheit und die Verbundenheit mitten in der Vielfalt der Familie Gottes zu sehen. Dienst: lebe den Unterschied! war schon ein herausforderndes Thema, welches mich anspornt, Gott im alltäglichen Leben zu dienen. Der Jugendgipfel war für mich eine Möglichkeit, die Einheit und die Verbundenheit mitten in der Vielfalt der Familie Gottes zu sehen.

Es ist einfach schön, mit lebensfrohen mennonitischen Mitchristen zusammen zu sein. Ich durfte viele neue „Brüder" und „Schwestern" kennen lernen, meine Arbeitserfahrungen und Herausforderungen teilen und auch ihre Erfahrungen anhören. Dieser Jugendgipfel war für mich eine Erfahrung, die ich nicht vergessen werde und die ich ungern verpasst hätte.

Schön war die interkulturelle Gemeinschaft und der Austausch mit anderen Jungerwachsenen, und zu wissen, dass uns derselbe Glauben an denselben Gott verbindet. Es ermutigt von Augenzeugen zu hören, wie Gott auch in anderen Ländern und Kontinenten wirkt und Menschen von Gebundenheiten frei werden. Durch Plenaraktivitäten, Workshops, Sport, freie Zeit und das gemeinsame Essen wurden die Teilnehmer auf eine einfache Art und Weise durch den Tag geführt. Die besonderen Highlights waren die Programme, die von den Delegierten der verschiedenen Kontinente gestaltet wurden. So erfuhr man beispielsweise auch mehr von ihrer Kultur und ihren Formen, wie sie Gott dienen und anbeten.

Das Organisationsteam des Jugendgipfels setzte sich aus folgenden Vertretern zusammen: Barbara Kärcher aus Europa, Sarah Thompson aus Nordamerika, Elina Ciptadi in Vertretung von Asien, Amandus Reimer aus Menno als Vertreter von Lateinamerika und Khohlwani Moyo als Vertreter für Afrika, der aber nicht dabei sein konnte.

Am Sonntag, den 12. Juli, wurden die Jugendlichen von den verschiedenen im Umfeld liegenden Lokalgemeinden abgeholt. Das Gottesdienst Feiern in diesen Gemeinden war besonders auch für die Ausländer eine segensreiche Erfahrung, da auch nachher Gemeinschaft am Mittagstisch gepflegt wurde. Die Gastfreundschaft und die Freundlichkeit der Paraguayer wurden viele Male von diesen betont.

Im Rückblick meinen wir, es bereichert persönlich, Geschichten / Situationen von anderen Jugendlichen zu hören, die Kulturvielfalt zu sehen, zu erleben und zu wissen, dass wir auch weiter in Zukunft füreinander beten.

Hiermit bedanken wir uns bei allen, besonders bei den Jugendleitern für all die geleistete Unterstützung. Möge Gott es euch reichlich vergelten.

b. Ulrike Kauenhowen, Kolonie Menno, Paraguay, 21 Jahre

Vom 10. bis zum 12. Juli 2009 trafen sich im „Colegio Gutenberg" - Asunción ca. 750 Jugendliche aus allen Kontinenten. Donnerstagabends und Freitagmorgens war die Ankunft der Teilnehmer. Nachdem die letzten Einschreibungen am Freitagmorgen erledigt waren, fand 9 Uhr die offizielle Eröffnung dieses Jugendgipfels statt. An den Vormittagen und Abenden wurden Gottesdienste nach Plan durchgeführt. Jeder Gottesdienst wurde von einem bestimmten Kontinent gestaltet. Dadurch merkte man ziemlich klar den Unterschied zwischen den verschiedenen Kulturen, Kontinenten und so kam auch das Motto „Servicio: Vivir la difernecia" besonders gut zum Vorschein.

An den Nachmittagen gab es verschiedene Workshops, wo man sich dran beteiligen konnte. Auch wurde in der Freizeit viel gespielt (unter anderem Fußball so wie auch kleine Spiele) und man konnte Kontakt mit fremden Leuten aufnehmen.

Es wurde nicht nur für geistliche Nahrung gesorgt, sondern, es gab auch sehr gutes und leckeres Essen. Zum Beispiel wurde zur Mittagsmahlzeit typisch paraguayisches Essen serviert wie „Guiso".

Mit einen geprägten Lateinamerikanischen Stil wurde der Gipfel am Sonntagabend beendet.

Für mich persönlich waren diese drei Tage eine sehr segensreiche Zeit. Ich durfte viele Menschen kennen und schätzen lernen, die tausende Meilen weit von mir entfernt wohnen und trotzdem denselben Glauben mit mir teilen. Dieses gab mir eine innere Verbundenheit und tiefe Freude und Erfüllung.

Ich durfte neu Gottes Größe, Allmacht, Güte und Treue erfahren.

c. Carmen Warkentin, Yalve Sanga, Paraguay

Im letzten Jahr erfuhr ich, dass zwei Amerikaner planten, die „Reise" von USA bis Paraguay zur Mennonitischen Weltkonferenz per Fahrrad zu machen. Ich war total fasziniert davon und überlegte gleich, ob dies nicht eine gute Gelegenheit wäre, sie eine kurze Strecke zu begleiten. Bald fand ich ihre Website im Internet und begann dann ihre Route zu verfolgen.

Ich schrieb auch bald eine E-Mail an die zwei Jungen, mit der Frage, ob es nicht möglich wäre, sie eine Strecke zu begleiten. So kam es, dass ich am 3. Juli mit meinem Vater in die Richtung zur Grenze von Bolivien fuhr, um sie irgendwo auf der Ruta Transchaco anzutreffen. Kurz vor La Patria begegneten wir ihnen dann auch.

An dem gleichen Tag fuhren wir noch gemeinsam 20 km und dann wurde der Campingplatz aufgeschlagen und abends kochte mein Vater für uns drei einen leckeren Guiso draußen am Feuer. Am nächsten Tag ging es früh weiter, denn wir hatten noch 150 km vor uns, bis wir Filadelfia, unser Ziel, erreichten. Während der ganzen Fahrt habe ich viele gute Gespräche mit Jon und Lars geführt. Ich habe ihnen sehr viele Fragen bezüglich ihrer Reise gestellt und sie haben mir vieles mitgeteilt, was sie alles auf dieser Reise schon erlebt hatten. Andererseits haben auch sie mir viele Fragen gestellt, z. B. wie das so alles funktioniert mit den Kolonien hier im Chaco und über Paraguay im Allgemeinen.

In Mariscal Estigarribia machten wir dann unsere Mittagspause; aber leider mussten wir in der Reihe warten für die „Imigración", denn gerade vor uns war ein Bus voll mit Menschen von Bolivien angekommen.

Der letzte Teil der Strecke, wo wir 25 km Erdweg durch die Dörfer Fernheims bis Filadelfia fahren mussten, war besonders anstrengend, weil die Wege nicht so gut waren und die Fahrräder von Jon und Lars nicht für solche Umstände ausgerüstet waren. Samstag gegen Abend erreichten wir dann schließlich Filadelfia, wo Jon und Lars bis Montag blieben, um dann noch die letzte Strecke bis Asunción zu fahren.

Ich habe die Reise total genossen und hätte die beiden am liebsten auch bis Asunción weiter begleitet, was jedoch wegen meinem Studium am Institut für Lehrerbildung in Filadelfia nicht möglich war. Es war eine sehr schöne Erfahrung, Jon und Lars persönlich kennen zu lernen und zu hören, was sie alles auf ihrer Reise erlebt hatten.

Vom 10. bis zum 12. Juli 2009 fand dann in Asunción in der Johannes Gutenberg-Schule der zweite Jugendgipfel der Mennotischen Gemeinden statt, genannt GYS (Global Youth Summit). Das Komitee AMIGOS, zu dem ein Vertreter aus jedem Kontinent gehört, hatte diesen großen Event organisiert.

Vor einem Jahr erfuhr ich von dieser Veranstaltung bei einer allgemeinen Jugendkomitee Rüstzeit und ich entschied mich auch gleich, daran teilzunehmen. Es wurde auch wirklich zu einem einmaligen und besonderen Ereignis, das ich nicht so leicht vergessen werde.

Am Donnerstagübermittag fuhren wir als eine große Gruppe Jugendlicher von Fernheim mit einem Bus nach Asunción. Abends wurden wir auch gleich eingeschrieben und in den Klassenräumen der Schule einquartiert. Freitag um 9 Uhr fing die Veranstaltung offiziell an, für die sich zirka 700 Jugendliche angemeldet hatten. Fürs Programm war geplant, dass es insgesamt fünf große Jugendstunden geben sollte, wobei jeder Kontinent für eines verantwortlich war. Interessant war mir hier, dass jede Jugendstunde ganz anders ablief und dass die Eigenschaften der Kulturen bei jeder gut sichtbar zum Vorschein kamen. Ich konnte unsere Jugendstunden und Gottesdienste nämlich sehr gut bei den Anbetungsgottesdiensten der Europäer und Nordamerikaner wieder finden. Die afrikanische dagegen war etwas ganz anderes als ich gewohnt bin, was sie jedoch um so besonderer machte.

An den Nachmittagen gab es immer verschiedene Workshops, z.B. Anbetung, verschiedene Projekte und Organisationen und auch ein Workshop von den Fahrradfahrern. Anschließend gab es Freizeit, in der man Fußball und Volleyball spielen konnte oder auch einfach nur sitzen und erzählen. Mir machte es besonders Spaß, Fußball mit den Teilnehmern aus verschiedenen Kulturen zu spielen. Es war hierbei wirklich egal, ob man schwarz, braun oder weißhäutig war; denn alle hatten ein gemeinsames Ziel, nämlich den Ball ins Tor zu treffen! Am Sonntag teilten wir uns dann in viele kleinere Gruppen auf und fuhren die verschiedenen Gemeinden in ganz Asunción und Umgebung besuchen. Dies war auch was sehr Schönes, denn so konnte man einige Jugendliche etwas persönlicher kennen lernen. Die Gemeinden

haben uns wunderbar aufgenommen und uns ihre Gastfreundschaft bewiesen.
Es gäbe noch so viel zu erzählen und mitzuteilen! Ich bin auf jeden Fall froh, dass ich die Gelegenheit bekam, an diesem Gipfel teilzunehmen und zu sehen, wie viele verschiedene Menschen alle denselben Glauben und dieselbe Überzeugungen haben. Ich bin gestärkt und mutig nach Hause gefahren und habe Mut bekommen, weiter Menschen für Jesus zu gewinnen!

d. Bettina Goertzen, Paratodo, Menno

Wenn man die Mennonitische Weltkonferenz etwas näher betrachtet, entdeckt man viele verschiedene Bereiche, die auch dazu gehörten. Drei dieser Bereiche waren der Jugendgipfel, die Teens-Zone und die Servidores de Paz (Friedensdiener).
Ich fasse zusammen, was Jugendliche von ihren Erlebnissen berichten.
Der Jugendgipfel fand vom 10. - 12. Juli bei der Johannes Gutenberg - Schule statt, wo alle Teilnehmer einquartiert waren. Am Freitagvormittag, Samstag und Sonntagvormittag und Abend wurden die verschiedenen Kontinente von den Vertretern präsentiert. Vorgestellt wurde die Kleidung, die Musik und Lieder, und nicht zu vergessen, die Sprache, so dass alles übersetzt werden musste.
An den Nachmittagen gab es Workshops zu den verschiedensten Themen. Auch durften am Samstag und Sonntagabend alle Interessierten, die nicht eingeschrieben waren, an den Programmen teilnehmen. Schade für die Besucher war jedoch, dass sie nicht gemischt unter den Teilnehmern vom Jugendgipfel, die aus vielen Ländern kamen, sitzen durften.
Positiv hervorgehoben wurde allerdings, dass die Veranstaltungen gut geplant waren und die Musik gut gemacht worden sei. Es sei interessant gewesen, mit Menschen aus verschiedenen Ländern, Kulturen, Sprachen, Lebensarten und Traditionen zusammen zu sein in dem Sinne, dass sie alle denselben Glauben an Jesus Christus hatten und zusammen Gott anbeteten und priesen.
In der Teens-Zone wurden Programme für Jugendliche, die an der Weltkonferenz teilnahmen, angeboten. Sie fanden gleichzeitig mit den Programmen und Versammlungen der A15 statt.
Die Organisatoren hatten sich bemüht und ein abwechslungsreiches Programm für die Teenies und Jugendlichen zusammengestellt. Unter anderem wurde hier gesungen, es gab Vorträge und Tänze zum Thema „Gott dienen".
Außerdem war für Donnerstag eine Hilfsaktion geplant worden, wo die Teens die Gelegenheiten hatten, entweder in einem Kinderheim zu putzen und zu färben, oder in einem Altenheim den Hof zu säubern.

Beteiligte Teenies sagten, dass es sie beeindruckt hätte, wie groß alles war und sie hätten neue Freundschaften schließen können. Sie meinten sogar, dass für sie noch mehr hätte geplant werden können.

III. Während der Konferenz

Die offizielle Konferenz der weltweiten mennonitischen Glaubensgemeinschaft lief vom 14. bis 18. Juli 2009 in Asunción, und endete mit einem öffentlichen Gottesdienst am 19. Juli, zu dem auch viele Besucher erschienen, die nicht an der Konferenz teilgenommen hatten.

Sowieso bildeten die Teilnehmer an der 15. Menonitischen Weltkonferenz ihrer Herkunft nach und aufgrund ihrer Hautfarbe ein ganz buntes Bild, das nicht immer so aussah auf den vergangenen Weltkonferenzen. Und manche plattdeutschsprechenden Mennoniten aus den Kolonien können sich nicht gut vorstellen, dass „Mennoniten" nicht alle weiß sind und Plattdeutsch reden. Sogar viele Nicht-Mennoniten hier in Paraguay haben ihr Konzept klar und denken sofort an „weiß", „Plattdeutsch", „mennonitischer Käse" oder an eine „traditionelle Kleidertracht", wenn sie an Mennoniten denken.

So war es für die einheimische Bevölkerung ein ganz ungewohntes Bild, dass zu der Mennonitischen Weltkonferenz Neger, Indianer oder auch Asiaten erschienen. Ein Polizist fragte den Enhlet Ditrich Pana vor dem Gebäude der Konferenz, ob er Mennonit sei. Darauf antwortete Pana mit Überzeugung: *„Ja, ich bin ein Mennonit!"* Pana ist Missionar, Prediger und ein überzeugter Mennonit.

Als Brüder und Schwestern im Herrn versammelten sich die Teilnehmer zweimal am Tag im großen Saal des CFA, um durch Bibelarbeiten und Predigten geistlich erbaut zu werden. Außerdem waren viele Arbeitsgemeinschaften organisiert worden, an denen man sich nach Interesse beteiligen konnte.

Die vier Kommissionen der Weltkonferenz (Kommission für Glauben und Leben, Missionskommission, Friedenskommission und Diakonen Kommission) versammelten sich vor und während der Vollversammlung; auch andere verschiedene Gruppen wie z.B. Vertreter der Ersten Völker des amerikanischen Kontinents, Theologen, Lateinamerikanische Theologinnen, Mediziner, Historiker
u.a. trafen sich, und es fanden Gesprächsrunden zum Thema Wirtschaft und Glauben und Naturschutz aus biblischer Sicht statt. Es gab auch ein Wiedersehen von Beteiligten des Paxboy Programms, dessen Teilnehmer am Bau der Trans-Chaco Straße mitgearbeitet hatten.

Die Verstreute Konferenz ermöglicht es, vorangemeldete Besuche bei mennonitischen Gemeinden in Lateinamerika und der Karibik (inklusive Paraguay) vor oder nach der Vollversammlung durchzuführen.

Wenn man sich mal überlegt, wie es möglich ist, dass Menschen aus der ganzen Welt mit verschiedenen Sprachen auf einer so großen Versammlung die

Vorträge größtenteils in ihrer Sprache hören, auch wenn der Redner diese nicht spricht, ist das schon erstaunlich. Das ganze Programm der MWK wurde nämlich von Übersetzern in verschiedene Sprachen übersetzt.

Möglich wurde die Mennonitische Weltkonferenz mit der Beteiligung von Leuten aus vielen Sprachräumen ja in dieser Weise erst, weil die Vollversammlungen und auch viele Arbeitsgemeinschaften in verschiedene Sprachen simultan übersetzt wurden. Die offizielle Sprache war Spanisch, d.h., alle Berichte, Vorträge und Besinnungen wurden immer ins Spanische übersetzt, wenn sie in einer anderen Sprache gebracht wurden. Wer also nicht Spanisch oder Englisch verstand, der durfte sich einen Kopfhörer abholen und eine der anderen Sprachen auswählen, um so verstehen zu können, was auf der Konferenz ablief. Damit diese Übersetzungsarbeit überhaupt getan werden konnte, hatten sich rund 125 Freiwillige gemeldet, die abwechselnd Vorträge auf der Vollversammlung oder auch die Beiträge auf den Workshops in eine andere Sprache übersetzten. Die Mennonitische Post vom 4. September 2009 berichtet auf Seite zwei: „Rebecca Yoder Neufeld, die aus Kanada kommt und in Frankreich geboren wurde, hatte sich die Verantwortung übernommen, die ganze Übersetzungsarbeit zu regeln und in Gang zu halten. Die MWK dieses Jahr in Paraguay war die erste Konferenz, wo die offizielle Sprache nicht Englisch, sondern Spanisch war. Das war für viele Nordamerikaner und englischsprechenden Asiaten und Afrikaner eine neue Erfahrung, dass sie weitgehend von ihren Kopfhörern und den Übersetzern abhängig waren. Etwa 2.400 Kopfhörer wurden jedes Mal, wenn man sich für ein gemeinsames Programm versammelte, von freiwilligen Jugendlichen verteilt und nachher wieder eingesammelt.

Frau Neufeld fing mit ihren Vorbereitungen schon vor 1 ½ Jahren an. Übersetzer mussten gesucht und trainiert werden. Bei dieser Vorbereitung waren ihr insbesondere Paul Amstutz und Carmen Epp von Paraguay behilflich. Jakob Lepp schulte indigene Freiwillige, die noch nie vorher solche Arbeit getan hatten, für die Übersetzungsarbeit.

Die ganze Arbeit zu überwachen war nicht ganz einfach für Neufeld. Besonders schwierig wurde es, wenn plötzlich jemand nicht seine Rolle als Übersetzer übernehmen konnte, weil er krank war.

Um den Übersetzern die Arbeit zu erleichtern, versuchte man, dass sie den Vortrag, den sie übersetzen sollten, wenn möglich vorher vollkommen (als Textform) aufgeschrieben auf die Hand bekamen. Auch den Rednern wurden Hinweise gegeben, wie sie ihre Sätze einfach formulieren könnten, so dass sie nicht zu schwer zu übersetzen wären."

Außerdem wurde den Besuchern eine Vielfalt von Programmen angeboten, die sie besuchen oder an denen sie sich auch beteiligen durften. Auf einer Tribüne auf dem Hof sangen viele Gruppen, das gemeinsame Essen war ein Erlebnis, das beeindruckte, genauso wie das Weltgemeinschaftsdorf, die Ausflüge in und um Asunción, sowie die unzähligen Begegnungen zwischen Brüdern und Schwestern aus aller Welt, wobei alte Bekanntschaften erneuert und neue Freundschaften geschlossen wurden. Unvergesslich bleibt für die meisten Teilnehmer das viele gemeinsame Singen. So wurde die 15. Mennonitische Weltkonferenz zu einer erfahrungsreichen, inspirierenden, erbauenden und gesegneten Zeit.

Um die eingeschriebenen Teilnehmer zu identifizieren, und damit die Beteiligten sich gegenseitig leichter kennen lernen konnten, erhielten alle bei der Ankunft ein Namenschild, auf dem auf der einen Seite der Name stand, und auf der anderen Seite wichtige Informationen für Notfälle eingetragen waren. Dieses Schild zu tragen war Pflicht und es diente auch als Eintrittskarte im CFA und zu den anderen MWK Programmen. Deshalb mussten es sich alle während der Veranstaltungen um den Hals hängen. Weiter wurde empfohlen: *Nehmen Sie es aber ab, wenn Sie das Gelände verlassen, um so ungewünschte Aufmerksamkeit zu vermeiden. Behalten Sie es aber immer bei sich, sollten Sie in einem Notfall Informationen benötigen* (Informationsbroschüre der MWK).

Im Folgenden werden die unterschiedlichen Veranstaltungen näher betrachtet.

1. Der Leittext der 15. Mennonitischen Weltkonferenz

„Gemeinsam unterwegs auf dem Weg Jesu Christi" war das Motto der Konferenz in Asunción. Als Leittext für die gesamte Konferenz, und als Grundlage für die Predigten und Bibelarbeiten auf den Vollversammlungen war der Text aus PHILIPPER 2, 1 - 11 ausgewählt worden. Dort steht geschrieben:

1 Ermutigt ihr euch gegenseitig, Christus nachzufolgen? Tröstet ihr euch gegenseitig in Liebe? Seid ihr im Heiligen Geist verbunden? Gibt es unter euch Barmherzigkeit und Mitgefühl?

2 Dann macht doch meine Freude vollkommen, indem ihr in guter Gemeinschaft zusammenarbeitet, einander liebt und von ganzem Herzen zusammenhaltet. 3 Seid nicht selbstsüchtig; strebt nicht danach, einen guten Eindruck auf andere zu machen, sondern seid bescheiden und achtet die anderen höher als euch selbst. 4 Denkt nicht nur an eure eigenen Angelegenheiten, sondern interessiert euch auch für die anderen und für das, was sie tun.

5 Geht so miteinander um, wie Christus es euch vorgelebt hat.

6 Obwohl er Gott war, bestand er nicht auf seinen göttlichen Rechten. 7 Er verzichtete auf alles; er nahm die niedrige Stellung eines Dieners an und wurde als Mensch geboren und als solcher erkannt. 8 Er erniedrigte sich selbst und war gehorsam bis zum Tod, indem er wie ein Verbrecher am Kreuz starb.

9 Deshalb hat Gott ihn in den Himmel gehoben und ihm einen Namen gegeben, der höher ist als alle anderen Namen. 10 Vor diesem Namen sollen sich die Knie aller beugen, die im Himmel und auf der Erde und unter der Erde sind. 11 Und zur Ehre Gottes, des Vaters, werden alle bekennen, dass Jesus

Christus Herr ist.

2. Der Tagungsort

Die 15. Vollversammlung der Mennonitischen Weltkonferenz fand im Centro Familiar de Adoración (CFA) statt. Dieses Gebäude entstand unter der Leitung von Pastor Emilio Abreu und ist in den letzten paar Jahren zur größten Baptistengemeinde in Paraguay gewachsen und befindet sich in Asunción an der Straße Del Maestro 3471, zwischen Soriano González und Cándido Silva.

Als man mit den Planungen der Konferenz in Paraguay begann, hat man einige Möglichkeiten erwogen, um die große Menschenmenge in einem Raum zu versammeln. Zuerst dachte man an die Fußballstadien von Cerro Porteño und Sol de América an der Avenida Quinta in Asunción.

Als dann der Bau des Centro Familiar de Adoración bekannt wurde, hat man sich mit den führenden Leuten in Kontakt gesetzt und diesen Ort als Konferenzort festgelegt. Der Bau dieses Gemeindehauses begann 2004. Da sich in der Zwischenzeit manche Bauarbeiten etwas verzögerten, musste bei verschiedenen Arbeiten mitgeholfen werden, so dass die wichtigsten Räumlichkeiten bis zur Konferenz fertiggestellt waren. Noch am Vortag der Konferenz wurde in und um den Bau emsig gearbeitet, so dass die Versammlungen doch nach Plan stattfinden konnten.

Anfang 2008 wurde ein Vertrag mit dem Centro Familiar de Adoración abgeschlossen, um den Bau für die Vollversammlung zu benutzen.

In dem Gottesdienstraum sollen bis zu 10.000 Menschen Platz finden. Das bedeutet, dass für die etwas mehr als 6.000 angemeldeten Besucher genügend Raum vorhanden war. Es gibt auch Pläne, den Versammlungsraum später bis auf 20.000 Plätze zu erweitern. Neben dem Hauptversammlungsraum befinden sich auch eine Kapelle für 1.000 Personen, sowie 20 Sitzungsräume für Unterricht und Gruppenarbeiten, 75 Toiletten und zwei Untergrundgaragen, in denen 500 Fahrzeuge parken können.

Parkplatz für die Autos und Kleinbusse gab es im zweiten Untergeschoss des Gebäudes, sowie auf dem nebenan liegenden Fußballplatz.

Der Hof neben dem CFA war mit Steinen geschottert und eignete sich sehr gut, um die verschiedenen Zelte des Weltgemeinschaftsdorfes aufzubauen, in denen Musikveranstaltungen und Ausstellungen der Kontinente stattfanden.

Die ganzen Einrichtungen des Versammlungsortes (CFA-Centro Familiar de Adoración) haben eine Größe von 40.000m2. Der Bau ist vierstöckig. Im Hauptsaal bietet eine Bühne für Chöre bis zu 200 Personen Platz.

Es war also ein sehr passendes Gelände für die Vollversammlung, das in ähnlicher Form in Paraguay kaum nochmal zu finden ist. Das Programm der Vollversmmlungen der 15. Mennonitischen Weltkonferenz

Das gesamte Programm der 15. Vollversammlung der Mennonitischen Weltkonferenz in Asunción, Paraguay stand unter dem Motto: **„Miteinander unterwegs auf dem Weg Jesu Christi".** Die Gemeinsamkeiten unter dem Kreuz Christi sollten besonders hervorgehoben werden, trotz der vielen Unterschiede, die es in Bereichen der Sprachen, Kulturen, Sitten und Gebräuche und vielen anderen Einzelheiten zu beobachten gab.

Natürlich fragt man sich, was so alles auf einer Weltkonferenz stattfinden wird, wenn man teilnehmen will. Im Mittelpunkt standen, wie auch schon bei vorherigen Konferenzen, die Vollversammlungen, an denen sich alle beteiligen durften.

Außerdem gab es viele Gelegenheiten, sich an Bibelarbeiten, Gebetsgruppen, Diskussionen, Berichten und Musikprogrammen, Ausstellungen und Präsentationen zu beteiligen, wodurch die Vielfalt der mennonitischen Gemeinden, Konferenzen, Kulturarbeiten und Missionstätigkeiten zumindest teilweise zum Vorschein kamen.

Von besonderer Bedeutung war auch auf dieser Konferenz die Möglichkeit, Menschen aus verschiedenen Kontinenten, Ländern, Sprachen und Gemeinden kennen zu lernen, und dadurch auch zu erfahren, wie Gott im Leben der Menschen weltweit wirkt. Weiter war dadurch auch die Möglichkeit gegeben, unterschiedliche Kulturen, Sitten und Kleidungen der weltweiten Mennonitenfamile zu beobachten und kennen zu lernen.

In der Eingangshalle des CFA konnten die Teilnehmer ihre Einschreibungen bei der Ankunft erledigen. Dort befand sich auch ein Informationstisch, an dem freiwillige Helfer Fragen beantworteten und außerdem behilflich waren, wenn etwas gesucht wurde.

Man machte sich sogar die Mühe, ab Mittwoch täglich ein Informationsblatt mit aktuellen Informationen, Programmankündigungen oder -änderungen herauszugeben, wobei auch immer etliche aktuelle Besonderheiten der Versammlung hervorgehoben wurden.

Die Vollversammlungen waren auch der Ort, an dem Ankündigungen oder Bekanntmachungen, an dem kurzfristige Programmveränderungen oder auch Notfälle weitergegeben wurden.

Die Vielfalt der Programme der Vollversammlungen, die vom 14. bis zum 19. Juli abgehalten wurden, spiegelt sich schon im Programm selbst wieder. Das Programm für die Vollversammlungen der 15. Mennonitischen Weltkonferenz sah wie folgt aus und wurde auch mit minimalen Veränderungen nach Plan durchgeführt Dienstag, 14. Juli (17:00 Uhr) - Eröffnungsfeier

- Miteinander unterwegs auf dem Weg Jesu Christi

Vorspiel: Paraguayisches Harfenorchester
Offizielle Eröffnung der 15. Vollversammlung: Einzug der Banner,
Begrüßung: Alfred Neufeld, Larry Miller
Vorstellung des Themas
Eröffnungsgebet: Nancy Heisey
Gotteslob: PSALM 117
Gemeinsames Singen
Bekenntnisgebet
Anspiel: „Vereint in Christus" Gruppe von Nelson Aguilera
Musik: „Choral Sounds", Simbabwe
Lesung: PHILIPPER 1, 1-11, Albert Enns, Paraguay
Eröffnungsrede: Nancy Heisey
Gebete der weltweiten Gemeinde. Europa: Markus Rediger, Asien: Yukari Kaga, Nordamerika: Warren Hoffman, Südamerika: Elizabeth Vado
Friedensgruß
Gemeinsames Lied
Segen

1. Mittwoch, 15. Juli, Morgenandacht (9:30 Uhr)

- Der Weg Jesu Christi
Vorspiel: Grupo Ebenezer,
Paraguay Zusammenkommen
Begrüßung
Eröffnungsgebet
Gotteslob: PSALM 113, 1-
9 Gemeinsames Singen
Lutherischer Weltbund: Ishmael Noko, Simbabwe/Schweiz
Gemeinsames Singen
Christian Peacemaker Teams Sandra Rincon, Kolumbien
Musik: Grupo Ebenezer, Paraguay
Mit dem Fahrrad zur Vollversammlung: Lars Ackerson und Jon Spicher, USA.
Lesung: PHILIPPER 2, 1-11 Paraguayische Jugend
Bibelarbeit: Elfriede Verón,
Paraguay Gebet: Kenna Lemessa,
Äthiopien Gemeinsames Lied
Segen

2. Mittwoch, 15. Juli, Abendgottesdienst (17:30 Uhr)

Gemeinsam unterwegs auf dem Weg Jesu Christi

- Der Weg Jesu Christi
Vorspiel: Indonesische
Gruppe Begrüßung
Eröffnungsgebet
Gemeinsames Singen
Kollekte
Bewahren der Schöpfung Wilma Bailey, USA
Musik: Indonesische Gruppe
Lesung: MICHA 6, 1-8 Thijn Thijink, Niederlande, Max Wiedmer, Frankreich
Predigt: Nzuzi Mukawa, Kongo
Gebet: Kyong-Jung Kim, Südkorea, Vater Unser - Gemeinsam, in der jeweiligen Muttersprache
Gemeinsames Lied
Segen

3. Donnerstag, 16. Juli, Morgenandacht (9:30 Uhr)

- Eins werden in Christus
Vorspiel
Zusammenkunft
Begrüßung
Eröffnungsgebet
Gotteslob: PSALM 67
Gemeinsames Singen
Serie weltweiter Geschichte: Jaime Prieto, Costa Rica (Lateinamerika)
Gemeinsames Singen
Dankgebet und Musik: Ojibway und Cheyenne, Nordamerika
PAX und die Trans-Chaco Straße Clair Brenneman, USA
Musik: Duo aus Kolumbien
Lesung: JOHANNES 17, 16-26   Pramod Singh,
Indien Bibelarbeit: Antonio González, Spanien
Gebet: Sixto Mencia, Paraguay
Gemeinsames Lied
Segen

4. Donnerstag, 16. Juli, Abendgottesdienst (17:30 Uhr)

- Verbunden in Christus Vorspiel:
Sänger, Kongo
Begrüßung

Eröffnungsgebet
Gemeinsames Singen
Der Zopf der Einheit Therese & Rainald Duerksen und
Familie Musik: Sänger, Kongo
„Feiern, Reflektieren, Arbeiten" Theologinnen aus Lateinamerika
Gebet für Frauen: Mirta Perez, Paraguay
Loblied der Hoffnung   Bianca Villamayor, Paraguay
Lesung: APOSTELGESCHICHTE 2, 46-47 Laura Loewen, Kristina Toews und Artur Bergen, Kanada
Predigt Dietrich Pana, Paraguay
Gebet Barbara Hege-Galle,   Deutschland
Vater Unser Gemeinsam, in der jeweiligen Muttersprache
Gemeinsames Lied
Segen

5. Freitag, 17. Juli, Morgenandacht (9:30 Uhr)

- **Dienen wie Christus** Vorspiel:
Chor, Schweiz
Zusammenkommen
Begrüßung
Eröffnungsgebet
Gotteslob: PSALM 33, 1-5 und 18-22 Gemeinsames Singen
Weltjugendgipfel AMIGOS
Gemeinsames Singen
MWK Praktikantin: Melani Susanti, beim MCC UN Büro, Indonesien
Musik: Chor, Schweiz
Lesung: JESAJA 58, 1-10 AMIGOS
Gebet: Barbara Kärcher, Deutschland
Bibelarbeit: Jenny Neme, Kolumbien
Gebet: Ron Penner, Kanada
Gemeinsames Lied
Segen

6. Freitag, 17. Juli, Abendgottesdienst (17:30 Uhr)

- **Dienen wie Christus**
Vorspiel: Kolonie Menno
Schuleband Spanischer Chor,

Paraguay Willkommen
Eröffnungsgebet
Gemeinsames Singen
Kollekte
Kommissionen des MWK Cynthia Peacock,
Diakonen Kommission
Mulugeta Zewdie, Friedenskommission
Vorsitzende, Missionskommission
Alfred Neufeld, Kommission für Glauben und Leben
Tanz: „Amor y Fe", Paraguay
Der Bruderhof in Paraguay Michael Blough, USA
Lesung: MARKUS 10, 35-45 Steven Mang'ana & Joyce Mekere, Tansania
Predigt: Elizabeth Soto, Puerto Rico/USA
Gebet: Afrika und Vater Unser Gemeinsam, in der jeweiligen Muttersprache
Gemeinsames Lied
Segen

7. Samstag, 18. Juli, Morgenandacht (9:30 Uhr)

- Miteinander weitergehen auf dem Weg Jesu Christi Vorspiel: Faith & Life Männerchor, Kanada
Zusammenkommen
Begrüßung
Eröffnungsgebet
Gotteslob: PSALM 103, 1-5 und 15-18
Gemeinsames Singen
Kollekte
YAMEN! in Bolivien: Sithabile Ndlovu, Simbabwe
Vietnamesische Mennonitengemeinde Quang Trung,
Vietnam Musik: Faith & Life Männerchor, Kanada
Gebet für Kinder: Belén Arce, Paraguay
Lesung: EPHESER 4, 1-6, Therese & Rainald Duerksen und Familie, Paraguay
Bibelarbeit: Chris Marshall, Neuseeland
Gebet: Afrika
Gemeinsames Lied

Segen

8. Samstag, 18. Juli, Abendgottesdienst (17:30 Uhr)

- Miteinander weitergehen auf dem Weg Jesu Christi

Vorspiel Großer Chor, Paraguay
Begrüßung
Eröffnungsgebet
Gemeinsames Singen
Lesung: PHILIPPER 2, 1-11 Paraguay
Musik Großer Chor, Paraguay
Predigt Danisa Ndlovu, Simbabwe
Gebet für die weltweite Kirche Lily Kacchap, Indien
Gebet für die Schöpfung Melani Susanti, Indonesien
Abendmahl
Danksagung und Anerkennung Larry Miller
Schlussgebet und Segen Ernst Weichselberger

9. Sonntag, 19. Juli Gottesdienst

Eröffnung
Anbetungstanz: Tambourines
Großer Chor: Ed Toews
Internationale Zeugnisse: Asien und Afrika
Gemeinsames Lied: Heinz Fast
Internationale Zeugnisse: Russland und
China Internationale Lieder: Paul Dueck
Symbolischer Akt des Friedens: Juan Ramos
Großer Chor: Ed Toews
Predigt: Alfred Neufeld
Schlussgebet und Segen Nancy Heisey, Danisa Ndlovu, Larry Miller

4. Die Vollversammlungen der A-15

Die Teilnehmer der 15. Mennonitischen Weltkonferenz versammelten sich täglich zu gemeinsamen Veranstaltungen. Zwischen dem Eröffnungsgottesdienst am Dienstag und dem Abschlussprogramm am Sonntag fanden täglich zwei Versammlungen statt, zu der alle Teilnehmer kommen durften. Das Thema der Konferenz war: „Miteinander unterwegs auf dem Weg Jesu Christi", nach Philiper 2, 1 – 11
Die offizielle Sprache (Podiumssprache) dieser MWK war Spanisch. Alle Beiträge, die nicht in der Landessprache Paraguays gebracht wurden, übersetzte man, da die Mehrheit Spanisch verstand. Den nicht spanischsprachigen standen für die Vollversammlungen und auch in den Arbeitsgruppen Kopfhörer zur Verfügung. Wer eine Übersetzung der

Gottesdienste und anderer Veranstaltungen benötige, musste beim Abholen der Kopfhörer das Namensschild abgeben, und nach Abschluss der Versammlung, wenn die Kopfhörer zurückgebracht wurden, bekamen sie ihr Namensschild zurück.

Die allgemeinen Gottesdienste konnte man in acht Sprachen hören: Spanisch, Englisch, Französisch, Enlhet, Nivacle, Guarani, Deutsch und Portugiesisch.

Dr. Alfred Neufeld als Vorsitzender des Nationalen Koordinationskomitees und Larry Miller als Generalsekretär der Mennonitischen Weltkonferenz waren die offiziellen Sprecher und als solche verantwortlich für die Informationen an die Presse.

Auf den Vollversammlungen der A-15 wurde viel gesungen. Ein internationales bzw. interkontinentales Team hatte sich vorbereitet, um die Gemeinde in Gesang (Lob und Anbetungslieder) anzuleiten. Zum Liedgut gehörten bekannte Lieder wie „Großer Gott wir loben dich" oder „Du großer Gott, wenn ich die Welt betrachte", und auch ganz neue Lieder aus Afrika, Nordamerika oder Asien. Ganz besonders gerne sang man das Lied „Hakuna Akaita" (Miteinander unterwegs).

Es waren auch bei jeder Veranstaltung große oder kleinere Gruppen (Chöre), die durch ihren besonderen Gesang das Programm verschönerten. So bekam man zu hören, wie man in Asien, Afrika, in Nordamerika, in Europa oder auch in Paraguay bei den Negern, den Weißen, den Indianern oder „Latinos" singt und Gott Lob und Anbetung bringt.

Es wurden verschiedene Bibelabschnitte gelesen und dazu manches Anspiel gebracht. Das machten einzelne Personen oder Gruppen aus ganz verschiedenen Gemeinden und Konferenzen. Dann traten immer wieder Leute auf, die aus ihren Erfahrungen aus dem Bereich der Mission und des Dienstes weltweit berichteten: Arbeit in Bolivien, in den Vereinten Nationen, in Russland, Vietnam oder Mittelamerika u.a.

Die Predigten oder Wortbetrachtungen bezogen sich auf den Text aus Philipper. Es predigten sowohl Frauen als auch Männer, eine nicht selbstverständliche Sache in vielen traditionellen mennonitischen Kreisen. Die Themen: „Der Weg Jesu Christi", „Eins werden in Christus", „Verbunden in Christus", „Dienen wie Christus" und „Miteinander weitergehen auf dem Weg Jesu Christi".

Es wurde immer wieder stark betont, ja sogar gefordert, dass wir uns mehr in den Dienst der Leidenden, der Bedürftigen, der Abgesonderten und Ausgestoßenen stellen sollen. Das sei unser Auftrag in dieser Welt, den Frieden Christi durch Dienen zu allen Völker und Nationen ohne Unterschiede zu bringen.

Durch die Vollversammlungen führten Werner Franz und Cristina Caballero.

4.1. Die Ansprachen - Bibelarbeiten und Predigten

Anders als bei vorangegangenen Versammlungen, bei denen es „Kontinent Tage" mit Gottesdiensten von Vertretern der fünf Kontinente gab, wurden alle Gottesdienste dieser Vollversammlung von Vertretern aus allen Kontinenten gestaltet, die so eine Vielfalt von Gaben zur Schau stellten.
Wie kam man zum Hauptthema dieser Konferenz?
2007 wurden vom Exekutivkomitee der MWK und dem Nationalen Koordinationskomitee viele Vorschläge gesammelt, aus denen dann letztendlich PHILIPPER 2, 1 - 11 als Grundlage für diese Konferenz festgelegt wurde und das Thema die biblische Forderung nach Einhalt und Dienst beinhalten solle. Nach weiteren Diskussionen zwischen den Verantwortlichen legte man dann auch das Thema fest: *„Miteinander auf dem Weg Jesu Christi".*

4.1.1. 14. Juli - Eröffnungsgottesdienst

Motto: Miteinander unterwegs auf dem Weg Jesu Christi
Die 15. Generalversammlung der Mennonitischen Weltkonferenz wurde den 14. Juli, kurz nach 17.00 Uhr Ortszeit eröffnet.
Schon vor Beginn der Konferenz präsentierte sich ein großer Chor von rund 20 Harfenspielern unter der Leitung von Dirigent Ed Toews aus Menno, um die eintretenden Teilnehmer in Feststimmung zu bringen.
Zu Beginn der Feier traten in den fast gefüllten Saal der Kirche des Centro Familiar de Adoración Vertreter der unterschiedlichsten Gemeinden und Konferenzen weltweit mit ihrem Banner in den Saal.
Die Begrüßung wurde von Dr. Alfred Neufeld aus Paraguay und Larry Miller aus den USA gemacht. Eingeladen und besonders willkommen geheißen wurden zu der Eröffnung Vertreter verschiedenster christlicher Denominationen, die auch in Paraguay vertreten sind: Die Katholische Kirche, die Anglikaner, Adventisten, Baptisten u.s.w.
Danach sprach die scheidende Leiterin der Weltkonferenz, Nancy Heisy aus den USA ein Gebet.
Die Versammelten sangen gemeinsam Lieder: In Spanisch, Englisch, Deutsch und anderen Sprachen erklang unter anderem das Lied „Du großer Gott, wenn ich die Welt betrachte". Ein Chor aus Afrika verschönerte den Abend mit drei Liedern.
Eine Gruppe junger Studenten der Evangelischen Universität von Paraguay zeigte eine Choreografie, in der die Verlorenheit der Menschheit und die Errettung durch Jesus Christus dargestellt wurde. Vereint in Christus

wurde die Darstellung genannt. Alle Kulturen sind unter dem Schatten der Sünde, und sie können nur durch die Vergebung und den Glauben an Jesus Christus gereinigt werden.
Dr. Werner Franz sprach ein Bußgebet.
Pastor und Evangelist Albert Enns las den Bibeltext nach Philipper 1, 1-11.
Die Predigt brachte Frau Nancy Heisey in Englisch. Sie wurde simultan ins Spanische übersetzt. Sie ist Lehrerin für Bibelkunde und Kirchengeschichte an der Eastern Mennonite University in Harrisonburg, USA. Im Inhalt betonte sie: Wir sollen für Christus sein, uns Christus übergeben, ihm bzw. Gott alles geben, aus Liebe. Jesus haben bedeutet Geld geben, aber noch mehr als das, von uns wegsehen auf den anderen, der unsere Hilfe braucht - dienen. Wir sind aufgefordert, alles für Jesus zu geben. Jesus haben bedeutet ihm mein Geld geben, aber noch viel mehr als das: Unseren Dienst für ihn zu tun. Da es viele Unterschiede unter den Mennoniten gibt und die Anwesenden aus mehr als 100 Konferenzen kommen, werden in Zukunft neue
Herausforderungen kommen. Wenn wir uns zu sehr an unsere Verdienste hängen, wenn unser Glaube nicht verbreitet wird, dann stirbt er.
Über allem steht Gottes Liebe, danach kommt der Kampf um das eigene Heil, denn nur durch Jesu Liebe können wir sein Werk weiterbringen.
Wir sind aufgefordert, die Segnungen, die wir auf dieser Konferenz erleben, weiterzugeben, indem wir jeden Tag mehr so werden wie Jesus und ihn über die ganze Welt verkünden.
Nach der Predigt wurde dann noch der neue Leiter der MWK, der dieses Mal aus Afrika kommt, mit einem Weihegebet eingeführt. Es ist Danisa Ndlovu aus Simbabwe.

4.1.2. 15. Juli -

Morgengottesdienst Motto: Der

Weg Jesu Christi
Begrüßung von Werner Franz.
Die Enhlet-Gruppe Ebenezer aus Pesempoó bei Loma Plata im Chaco spielte und sang geistliche Lieder vor Beginn der Versammlung und vor der Predigt.
Larry Miller macht eine Rückschau: Die Begegnung der Wiedertäufer und Lutheraner. Es war eine konfliktive Begegnung über lange Zeit, mit Verfolgung und Tötung vieler Wiedertäufer. Vertreter der weltweiten Lutherischen Kirche waren da unter ihnen Ishmael Noko aus Simbabwe. Es wurde betont, dass die Zusammenarbeit der MWK und der Lutheraner

vertieft wird, um Konflikte der Vergangenheit zu bewältigen.
Es wurde ein Bekenntnis des lutherischen Weltbundes gegeben. Man hatte gemeinsames Leiden, einen gemeinsamen Glauben, und hat Zeit, um das Leben gemeinsam zu gestalten.
Es erfolgte ein Dank der MWK-Leitung an den Leiter der Lutheraner. Es wurde abschließend der Wunsch geäußert, auf der nächsten Mennonitischen Weltkonferenz in anderer Form dabei zu sein, vereinter. Mauern, die uns über Jahrhunderte getrennt haben, werden abgebrochen. Wir müssen gemeinsam gehen.
Sandra Rincón aus Kolumbien berichtete von den „Christian Peacemaker Teams".
Mehr als ein Abenteuer, eine Hoffnung - Eine Reise von Virginia, USA, mit dem Fahrrad zur Weltkonferenz: John Spicher und Lars Ackerson aus den USA, Universitätsstudenten, hatten vor einem Jahr die Idee, mit dem Fahrrad nach Paraguay zu fahren, um an der MWK teilzunehmen. Davon erzählten sie.
Es erfolgte die Bibelarbeit von Elfriede Verón aus Paraguay. Frau Verón
unterrichtet Biblische Exegese, Hermeneutik, Griechisch und Neues Testament im Bibelinstitut IBA in Asunción. Sie hob hervor, dass wir als Menschen so wie Jesus auf Anerkennung verzichten sollten, und uns anderen gleich- und unterstellen, freiwillig wie Jesus. Es ist unser Auftrag, den Bedürftigen zu dienen, dienen durch die Schulen, durch die Hospitäler, an Alten, Kindern usw. Jesus gehorchte, und wir müssen uns entscheiden, dem Herrn in der Familie, auf der Arbeit und an anderen Orten zu gehorchen. Jesus verzichtete, um in bedingungsloser Demut, Dienstbarkeit und Gehorsam zu wandeln. Die Belohnung, die wir erhalten: Erhöhung durch Gott, den alles Leben anbeten und loben wird.
Der Weg Jesu Christi ist ein Weg, den Gott belohnen wird!

4.1.3. 15. Juli -

Abendgottesdienst Motto: Der

Weg Jesu Christi
Durch gemeinsames Singen und eine Kollekte wurden die Besucher in den Gottesdienst eingeführt.
Danach folgte ein kurzer Bericht zum Thema „Bewahrung der Schöpfung" von Wilma Bailey aus den USA. Der Schutz der Natur ist eine der Herausforderungen der Christen, denn Gott gab sie uns, um sie zu bebauen, um davon zu leben, und um sie zu bewahren, nicht um sie zu besitzen.
Die Musik wurde von einer indonesischen Gruppe gebracht.

Der Prediger Nzuzi Mukaw aus Kongo diente mit der Ansprache. Er ist Dekan und Professor an der Missionsschule in Kinshasa, Kongo. Er appellierte ganz besonders an die soziale Gerechtigkeit. Wir sollen Gerechtigkeit machen und praktizieren, Barmherzigkeit lieben und uns vor Gott demütigen. Gnade und Vergebung muss sichtbar werden, besonders gegenüber den materiell und geistlich Armen, die geschützt werden sollen, die wir lieben sollen.

Soziale Gerechtigkeit in der Bibel heißt: Nicht die Rechte der Armen vergessen (Jesaja 61, 8; Lukas 4, 16 - 18). Gott ist ein Gott der Gerechtigkeit, der die Ausbeutung nicht toleriert, deshalb soll die Kirche die Gerechtigkeit leben und in der Gemeinde soll Gerechtigkeit praktiziert werden. Es soll das Evangelium der Gerechtigkeit gepredigt werden, was auch beinhaltet, dass Reichtümer ungleich verteilt sind, dass Wasser, Nahrung und Unterkunft für viele fehlt. Wir sollten überlegen, wie wir die Reichtümer gerechter verteilen können.

Es wurde aufgefordert, dass die Reichen die Verantwortung übernehmen im Kampf gegen den Klimawandel. Viele Kinder leben ohne Schutz, Mütter und Omas werden vor ihren Kindern vergewaltigt, sie leiden, weil sie Frauen sind. Es ist unsere Aufgabe, die Unterdrückten und Ausgebeuteten zu schützen. Lösungen dafür: Die Kirche muss Gerechtigkeit für die Armen suchen, den Ackerbau fördern, Kredite für Arme anbieten, den Armen das „Fischen lehren".

Der Lebensstil der Christen muss sich ändern, weil der Kapitalismus nie zufrieden ist, der alles was übrig bleibt in den Abfall wirft, wo in demselben Moment andere hungern, nichts haben. *„Wenn wir kaufen, dann denkt an die, die nichts haben. Gehen wir den Weg des Christus: Gerechtigkeit, Freiheit, Gleichheit. Gerechtigkeit soll sein wie ein lebendes Wasser, das ständig fließt. Jesus sagt: Selig sind, die um der Gerechtigkeit willen leiden!"*, forderte Nzuzi auf.

4.1.4. 16. Juli -

Morgengottesdienst Motto:

Eins werden in Christus

Clair Brenneman, USA, berichtete von der Arbeit der Paxboys an der Ruta Transchaco und bei anderen Projekten weltweit. 1.900 Männer haben in 40 Ländern als Paxboys gearbeitet.

In Paraguay bauten sie die Ruta Transchaco. Viele Chacobewohner waren Bauern, aber sie konnte ihre Ware nicht verkaufen, da die Entfernung zum

Markt so groß war. Sie brauchten einen Weg, um die Produkte zu verkaufen.
Die Regierung war wohl misstrauisch, ob das Projekt des MCC Realität würde, aber sie haben es unterstützt. Später wurde sie von der paraguayischen Regierung bis Bolivien gebaut und Teil der Carretera Panamericana.
Heute werden mehr als 50 % der Milchprodukte Paraguays über die Transchacostraße transportiert.
Anekdote: Als die Pax Boys von den USA nach Paraguay reisten, nahm einer zwei Flinten mit und bestieg damit ungehindert das Flugzeug. Er nahm einen Rifle und eine Schrotflinte mit, um hier zu jagen. Viele dieser Freiwilligen unterstützen die MWK bis heute noch.
Es ist das Gebet vieler, weiter dieser Feuersäule des Dienstes folgen zu können. Die Predigt erfolgte von Antonio González aus Spanien, wo er Direktor der
„Fundación Xavier Zubiri" in Madrid ist. Er ist als Katholik (Jesuit) aufgewachsen, hat sich vor einigen Jahren bekehrt und ist Mennonit geworden.
Er gab Gott die Ehre, dass wir hier so vereint sein können mit Gott; für die Herrlichkeit, die auf Erden beginnt, die Jünger sahen seine Herrlichkeit in den Wundern. Das hat mit Geben an andere zu tun (Joh. 14, 16).
Jesus finden wir bei den Bedürftigen, unter den Menschen. Gott gibt uns die Herrlichkeit, und wir dürfen uns freuen, weil Gott uns seine Kinder nennt.

4.1.5. 16. Juli -

Abendgottesdienst Motto:

Verbunden in Christus

Frauen in Solidarität berichteten von ihrer Arbeit. Frauen solidarisieren sich mit den leidenden Frauen aus Kongo. Es wurde eine Abschlusserklärung der Theologinnen Lateinamerikas vorgelesen. Betont wurde dabei: Gott führt uns, die Nachfolge und den Bau des Reiches nehmen wir mit Verantwortung gegenüber unserer Realität an; die Frau soll in eine Integrationsbewegung geführt werden; wir sind eine unabhängige Gemeinschaft, die Einheit soll durch gemeinsame Themen vertieft werden, weiter zusammen gehen in der Stärkung der Theologie der Wiedertäufer.
Die Predigt brachte Dietrich Pana, Paraguay. Er ist Mitglied der Enhlet Mennonitengemeinde von Loma Plata und Präsident der Evangelischen Vereinigung der Enhlet in Paraguay. Ein Wachposten fragte ihn vor dem Konferenzgebäude: „Bist du auch Mennonit?" „Ja, ich bon Mennonit", antwortete er. Das schien dem Wachposten komisch. Er stellte darauf noch viele andere Fragen. Er hat wohl Mennonit sein mit heller Haut verbunden, wie

das in Paraguay allgemein üblich ist.
Pana hob hervor, dass wir vereint sein sollen in Christus, wie es uns die Bibel lehrt, nach Apostelgeschichte. Vier Prinzipien werden hervorgehoben: - Der Heilige Geist, der die Gläubigen erfüllte, durch die die Gnade Gottes verkündet wird. - Sünder und Verlorene werden angenommen von Christus. - Frauen wurden ausgeschlossen, von den Juden, Frauen bekehrten sich aber. - Es ist dies eine großartige Gelegenheit, als Kinder Gottes aus aller Welt hier zusammen zu sein, zu loben, denn gemeinsam sind wir unterwegs. Wir müssen lernen zu teilen, gegen Ungerechtigkeit aufstehen. Die Herausforderung ist die Einheit in Vielfalt, die uns näher bringt. Das sollten wir mit in unsere Gemeinden nach Hause nehmen.

4.1.6. 17. Juli - Morgengottesdienst

Motto: Dienen wie Christus
Der Schweizer Chor diente mit Liedern. AMIGOS vom Weltjugendgipfel berichteten von ihrem Treffen vor der Konferenz. Viele haben neue Freundschaften geschlossen, und es wurde hervorgehoben, dass die mennonitische Familie wächst, da junge fähige Leute da sind, bereit zu dienen. Sie sangen ein Lied, dass sie selber komponiert hatten: Lebe den Unterschied - diene mit Gehorsam. Nach dem üblichen gemeinsamen Singen berichtete die Indonesierin Melani Susanti von ihren Erfahrungen im Büro der Vereinten Nationen in New York.

Die Bibelarbeit leitete Jenny Neme aus Kolumbien an. Sie ist Direktorin des Zentrums für Gerechtigkeit, Frieden und gewaltfreie Aktion JUSTA-PAZ in Kolumbien. Sie betonte: Um zu dienen ist Kommunikation mit Gott unerlässlich. In der Arbeit mit Straßenkindern kommt die Frage auf: Warum diese Ungerechtigkeit? Wer ist schuld? Auch Jesaja hatte Angst, wovor? Vor dem Tod, oder davor dass die Leute verstehen, welche Ungerechtigkeit geschieht?
Angst ist Teil der Menschheit. So kann das Vertrauen zu Gott erhöht werden. Und Gott will, dass wir wahrnehmen, was geschieht, wir sollen Verantwortung übernehmen, unsere Zeit verstehen, den Schmerz sehen, den andere haben.
Manchmal hören wir Gott nicht. Wir sollen nicht nur beten und reden, sondern handeln. Das ist ein Aufruf zur Gerechtigkeit, praktische gegenseitige Hilfe zu bieten, Streit abzubauen und Unterschiede zwischen Arm und Reich zu vermindern bzw. vermeiden.
Die Welt unterrichtet den Individualismus, Gott jedoch lehrt die Gemeinsamkeit. Gottes Wort soll Folgen in unserem integralen Leben haben. Das bedeutet,

dass wir leuchten wie das Licht des Morgens, dass wir Zeugen sein sollen, dass wir lebendig und real wirken, gerecht handeln und Zeichen (Narben) hinterlassen von dem, was getan wurde. Dabei sollen wir nicht den Schmerz und die Ungerechtigkeit der Vergangenheit wiederholen, denn Gott will, das wir anfangen zu dienen und seine Gerechtigkeit suchen (Psalm 85, 10 - 13).

4.1.7. 17. Juli -

Abendgottesdienst Motto:

Dienen wie Christus

Nach der erfrischenden Musik der Musikband aus der Kolonie Menno zur Einleitung, einer herzlichen Begrüßung, dem gemeinsamen Gesang und einer Kollekte folgten Kurzberichte verschiedener Kommissionen:

Diakonen Kommission. In Paraguay war die Arbeit des MCC ein Solidaritätsmoment in der Mennoniten Familie, die grundlegend aus drei Etappen bestand: 1. Kampf um die Existenz; 2. Begleitung in der Wirtschaftsentwicklung und 3. im Integrationsprozess durch soziale und missionarische Projekte. Der gemeinsame Weg vom MCC und den Mennoniten in Paraguay hat beide Seiten beeinflusst. Das MCC als menschliche Institution hat dazu beigetragen, dass die Mennoniten in Paraguay sich der Mission und den Hilfsprojekten geöffnet hat.

Weiter wurde von der Friedenskommission berichtet: Frieden ist eine Sache Gottes, unsere Herausforderung ist es, Frieden zu suchen, wobei wir gemeinsam vorgehen sollten; die Gemeinden haben viele Gaben zu bieten um Frieden herzustellen.

Die Dienstkommission berichtete, dass durch die Bildung eines wiedertäuferischen Diakonen Zusammenschlusses der Dienst gefördert werden soll.

Eine Missionskommission will Nord und Süd, Ost und West vereinigen, indem füreinander gebetet wird, man sich gegenseitig hilft und so voneinander lernt. Es sollen Mittel geteilt werden, um die apostolische Vision zurückzuerobern, bis die ganze Erde sich Gott und dem Frieden zuwendet.

Es besteht auch eine Kommission für Glaube und Leben. Der Glaube soll an das Leben der Leute herangebracht und verbunden werden. Das Gemeindeverständnis soll vertieft werden, und durch Lehre soll Leiterschaft, Autorität und Struktur, Abendmahls Lehre und eine mennonitische Theologie in Bezug auf die Schöpfung angestrebt werden.

Elisabeth Soto predigte. Sie arbeitet am Lancaster Theological Seminary in den USA: In der Predigt betonte Soto aus Puerto Rico (USA), dass wir als

Christen den Weg der Demut gehen sollen. Wir dürfen nicht Forderungen stellen, um Gott zu dienen, sondern wichtig ist es, dass wir dienen. Dieser Dienst soll nicht Anerkennung und Belohnung als Ziel haben. Wir müssen wissen, dass Dienen seine Kosten beinhaltet. Jesus diente und gab dem anderen, dem Mitmenschen seine Würde, in dem er heilte usw. Es ist nicht unser Auftrag, um Macht zu kämpfen, zu sehen, wer der Größte ist, wie es auch die Jünger noch anstrebten. Es ist unsere Aufgabe, als Hände und Füße Gottes zu dienen, da wo diese noch nicht hingekommen sind.

Mit einem gemeinsamen „Vater-Unser", das jeder in seiner Muttersprache beten konnte, schloss die Versammlung.

4.1.8. 18. Juli - Morgengottesdienst

Motto: Miteinander weitergehen auf dem Weg Jesu Christi

Nach den Liedern des Schweizer Chores und Berichten von Sithabile Ndlovu aus Simbabwe von ihren Erfahrungen unter den Mennoniten in Bolivien, und von Quang Trung aus Vietnam aus dem Gemeindeleben in seiner Heimat, wurde die Bibelarbeit von Pastor Chris Marshall aus Neuseeland angeleitet. Marshall ist Dozent an der Victoria University in Wellington.

Punkte, die in der Besinnung hervorgehoben wurden, waren: Gott kam, damit wir Frieden machen, wo Streit und Krieg herrscht. Wir sind aufgefordert, gute Werke zu tun und in ihnen zu wandeln, was die Wiedertäufer immer gelehrt haben. Glaube und Werke kann man nicht trennen.

Wir müssen es jeden Tag leben, was wir glauben, unsere Moral muss stimmen. Friede und Versöhnung sind nicht eine Option zweiter Klasse, sie sind für uns als Gläubige unerlässlich. Christliche Ethik ist entscheidend, und wir sollen auf der ganzen Welt dafür arbeiten, Friedensstifter und Versöhner sein, alle Kraft einsetzen, um innerhalb der Gemeinden und Kirchen den Frieden zu halten. Dabei gilt es auch, Verwundungen zu heilen, denn nichts schadet der Sache Christi mehr als wenn Gläubige versagen.

Wir sollen alle Kraft ansetzen, aber wie?

Ein ehrbares Leben führen, Gewalt ablehnen, Harmonie suchen, Gnade praktizieren und den Geist Christi pflegen. Das ist, Demut, Freundlichkeit, Geduld und Toleranz üben, sich selber unter Kontrolle haben, keinen schaden oder beleidigen, bereit sein, Unannehmlichkeiten ohne Reaktion zu ertragen, also Raum schaffen, um Gnade zu üben. Wenn das geschieht, können wir Wunden heilen.

Wir sollen die Einheit erhalten, eine Realität werden lassen, nach Jesu Vorbild: Ein Geist, ein Leib, ein Herr, ein Gott und Vater, eine Kirche, ein Retter, Jesus. Die Gemeinde ist nicht meine Pension, mein Ruheplatz, kein

Klub oder Verein, sie ist der Leib Christi, der alle Christen vereint.
Die Gemeinde vertritt die Ziele Gottes, die Wunden des Universums zu heilen, Harmonie zu schaffen um in sich alles zu vereinen. Die Gemeinde ist die Grundlage dieses Zieles, sie ist die einzige Vereinigung, die sich nicht durch Rasse, Kultur, Beruf oder Religion verteidigt. Nur die Einheit in Christus ist das Ziel. Sie überwindet deshalb irgendwelche menschlichen Machenschaften. Die multikulturelle Gemeinde ist ein Vorgeschmack der letzten endlichen Einheit der Kirche in Jesus.

Jeder Gläubige, jede Gemeinde, jede Denomination hat zu jeder Zeit und an jedem Ort die Verantwortung, Demut, Freundlichkeit, Geduld und Toleranz zu leben!

4.1.9. 18. Juli - Abendgottesdienst

Motto: Miteinander weitergehen auf dem Weg Jesu Christi
Der geistliche Höhepunkt der Versammlungen war mit Sicherheit der Samstagabend, an dem der neue Leiter der Weltkonferenz, Danisa Ndlovu, predigte und ein großer Chor, der sich aus Vertretern von acht verschiedenen Ethnien zusammensetzte, mit Liedern diente.

Der Massenchor aus dem Chaco sang vor dem Programm und auch währenddessen ein paar Lieder.

Der Leiter des CFA, Emilio Abreu, übermittelte einen Gruß an die Versammlung und sprach ein paar Worte.

Das neue Direktorium der MWK wurde vorgestellt: Präsident ist Danisa Ndlovu aus Simbabwe, Vizepräsidentin ist Janet Plennert aus Kanada und Schatzmeister Ernst Bergen aus Paraguay.

Danisa Ndlovu aus Simbabwe ist Pastor, Lehrer und Bischof in seinem Heimatland.

In der Predigt wurden wir aufgefordert, Teilungen zu überbrücken, die besonders durch egoistische Ziele entstehen. Wir sollen durch Alles Christus verherrlichen, gemeinsam den Weg Christi gehen. „Wenn wir die Welt beeindrucken wollen, soll Christus unser Vorbild sein", sagte Danisa Ndlovu. Wir sollen in Demut leben, in Liebe dienen und mit offenen Augen sehen, was andere brauchen. Sind wir bereit, bisheriges los zu lassen und im Namen Jesu neue Wege zu gehen? Unser Schicksal steht nicht in sterblichen Händen, sondern es sind Gottes Hände, die uns halten.

Teilungen bestehen. Paulus rief die Gemeinden zur Einigkeit auf. Er wusste, dass Konflikte da sein konnten. Konflikte sind Folgen der egoistischen Ziele des Menschen. Wir predigen manchmal um andere zu erniedrigen. Paulus dagegen, um Christus zu verherrlichen.

Wir müssen gemeinsam gehen, uns ergänzen, als Brüder und Schwestern in Christus.

Dienst ist die Eigenschaft Jesu. Einigkeit ist nicht möglich durch Egoismus. Egoismus ist tödlich für die Kirche, wie ein Krebs.

Sucht die Interessen der anderen. Es ist leicht uns zu gruppieren in Völker, Länder, Stämme. Wir sollen wachen, um nicht da hineinzufallen.

Alles lehrt uns, egoistisch zu sein, sogar christliche Organisationen. Paulus dagegen will, dass wir den Dienst Christi verstehen, wir sollen ihm folgen. Unser Zeugnis soll nicht geteilt werden.

Was ist meine Haltung zum Nächsten, zur Schwester, Kirche, Christen in Afrika, Asien? Gehen wir gemeinsam? Paulus fordert uns dazu auf. Unser Verhalten soll sichtbar sein. Einheit in der Glaubensgemeinschaft ist gefragt. Wir brauchen den Geist Christi, wir sollen andere retten in Demut und ihnen Würde geben. Das Beispiel der Fußwaschung ist die beste Form der Liebe, des Dienstes und der Demut.

Wir müssen unsere Denkweise ändern, Brüder und Schwestern. Welches ist unsere Motivation für den Dienst? Ist es die Freude, die innere Befriedigung, oder ist das eine Schwäche? Für uns ist Dienst Kraft, Einfluss, und wir sollen ihn mit ganzen Herzen suchen.

Auf dem Weg Jesu gehen ist das tun, was wir ohne ihn nicht tun können, was ohne ihn nicht geht: In Demut leben, in Liebe dienen, mit offenen Augen sehen, was andere brauchen. Geht als Diener, legt alle Privilegien ab, um euch von Gott brauchen zu lassen, von dem Herrn der Schöpfung, der ein Recht hat, dein Leben so zu gestalten, wie er will.

Das bedeutet Kompromiss, alles Bisherige loslassen, neu fragen.

Wir haben hier Worte des Mutes und der Kraft, es im Namen Jesu zu tun, wir brauche keine Angst zu haben. Unser Vater lässt uns nicht in Trübsal, in der Wirtschaftskrise usw.

Wir müssen verstehen: Unser Schicksal ist nicht in sterblichen Händen, es ist in Gott, Gottes Hände halten uns.

Abendmahl

Nach der Predigt wurde unter Mitarbeit vieler Gemeindediener weltweit das Heilige Abendmahl eingenommen. Es verlief schnell und reibungslos - bei diesen Tausenden versammelten ging es schneller vonstatten als manches Mal in einer kleinen Gemeinde, da es sehr gut organisiert war und alle positiv mitmachten. Kleine Brötchen wurden verteilt, und gemeinsam eingenommen. Der Wein (Traubensaft) wurden in kleinen Plastikbecher verteilt und auch gemeinsam getrunken. Der große Chor sang währenddessen ein paar Lieder, eines in 8 Sprachen. Einen Vorgeschmack des Himmels, behaupteten viele

Teilnehmer anschließend.

Ehrungen
Diesen Teil leitete Larry Miller an. Die Hauptverantwortlichen und Hauptmitarbeiter der Planung und Durchführung der Konferenz wurden aufgerufen und kamen nach vorne. Sie erhielten langen Applaus.
Es wurde ein Dank an alle Mitarbeiter ausgesprochen und auch für die Gastfreundschaft in Paraguay, für alle die Gäste aufgenommen hatten, aufgenommen wie Jesus. „Wir werden euch nicht vergessen, wenn wir jetzt gehen, eure Geschichte, eure Vitalität. Ihr vereint die Vergangenheit, Gegenwart und Zukunft. Wir teilen Freude und Leid mit euch. Te damos gracias o Dios." Dieser letzte Satz wurde immer wieder wiederholt in Bezug auf die vielen Mitarbeitergruppen, die die Konferenz möglich gemacht hatten.
Manch ein Teilnehmer hat nach der Konferenz gesagt: Das Programm am Samstagabend war der Höhepunkt der Konferenz, das Programm am Sonntagvormittag hätte wegbleiben können.

4.1.10. 19. Juli - Abschlussgottesdienst

Zum Sonntaggottesdienst waren alle Mennoniten eingeladen, auch die, welche sich nicht zur Konferenz angemeldet hatten. Man sagte, dass mehr als 8.000 Leute erschienen waren. Der Abschlussgottesdienst wurde von Liedern des Massenchores eingeleitet. Danach wurde viel gemeinsam gesungen, unter Begleitung sehr lauter Musik, zu laut, fanden viele, weil der Gesang weit übertönt wurde. Viel Lärm und wenig Inhalt, so würden sie es umschreiben.
Versöhnung: Vom Sohn des Mörders von Cornelius Isaak, einem Ayoreo, wurde der Speer, der damals die tödliche Waffe darstellte, an Helmut Isaak, dem Bruder des Ermordeten, überreicht, als Geste der Versöhnung. Danach sprach ein Indianer ein Gebet über die beiden.
Danisa Ndlovu sprach einen herzlichen Dank an Larry Miller, dem Generalsekretär der MWK, aus, für seine geleisteten Dienste. Es folgten einige Worte vom Präsidenten der Evangelischen Gemeinden aus Argentinien, der auch noch ein Lied sang in Gitarren Begleitung.
Prediger Alfred Neufeld - Dekan der Theologiefakultät an der Evangelischen Universität in Paraguay - brachte die Predigt zum Thema: Mit Jesus auf den Wegen dieser Welt. Was gibt es da jetzt zu tun? Nach einer längeren Rede zu seinem Vater und anderen Nebensächlichkeiten sagte er: Christus hat nicht Mund, Hände oder Füße, wenn es nicht unsere sind, die für ihn reden, handeln, gehen. Wollen wir den Weg gehen?
Wir sollen unseren Glauben nicht in Politiker, Ideologen usw legen, sondern

in der Kirche Jesu Christi gründen, und in Jesus selber. Christus wird in uns das Wollen und Vollbringen bewirken. Er will, dass wir arbeiten mit Freuden.
Glauben und Gehorsam gehören zusammen. Arbeitet also mit Furcht und Zittern, nicht Gott widerstehen, sondern verantwortlich zu arbeiten. Wir sollen Seelen retten, helfen wo Armut und Not ist, heilen und retten.
Wir sollen den Frieden Christi in die Welt tragen, in ihm ist Vergebung, dann sind wir nicht alleine. Doch nur Gott bewirkt in uns das Wollen und Vollbringen. So können wir den Frieden Christi in die Welt bringen, weil in ihm Vergebung ist, weil er uns nicht alleine lässt.
Der Abschluss der Konferenz wurde vom Leiter der MWK, Bruder Danisa Ndlovu, gemacht, und er entließ die Versammelten mit folgenden Worten: **Wir wollen nun nach Hause gehen und uns im Herrn freuen, so wie Paulus es sagt.**
Nach dem Gottesdienst begann die Aufbruchsstimmung sichtbar zu werden. Immer mehr Leute sah man mit dem Handgepäck umhergehen, Menschen fielen sich in die Arme und verabschiedeten sich, um wieder heimwärts zu reisen. Die Zeit der Gemeinsamkeit ging dem Ende zu.

Zusammenfassend lässt sich über die Vollversammlungen sagen:
Auch wenn die Mennoniten weltweit in mehr als 100 Konferenzen und Vereinigungen organisiert sind und ihre Art, Gottesdienste zu gestalten, Gott zu loben und anzubeten, unterschiedlich ist, so steht doch der Glaube der Väter im Mittelpunkt. Und das Motto der Konferenz, „Miteinander unterwegs auf dem Weg Jesu Christi", sollte auch Ziel des weiteren Glaubenslebens sein. Die Konferenz hat dazu beigetragen, dass sich viele Gläubige nach Philipper 2, 1 gegenseitig ermutigt haben, Christus nachzufolgen.
Die Taten des Dienstes werden folgen...

4.2. Singen und Anbetung - Musik und Gesang auf der MWK

Für viele Teilnehmer der Mennonitischen Weltkonferenz war das gemeinsame Singen auf der Konferenz ein wichtiger Höhepunkt. Der gemeinsame Gesang wurde von Paul Dueck aus Leamington, Ontario (Kanada), angeleitet. Dueck ist Musiklehrer an einer Musikschule in Ontario und arbeitet auch mit Gesang in seiner Heimatgemeinde.
Dueck ist Kanadier, wurde aber in Asuncion geboren, weil die Eltern zu der Zeit als Missionare in Paraguay tätig waren. Bis zu seinem 12. Lebensjahr lebte er in Paraguay. Später hat er noch zweimal eine Zeitspanne im Bibelseminar CEMTA unterrichtet.
In der Menonitischen Post vom 4. September 2009 steht weiter: *„Dueck*

spricht fließend Spanisch, Englisch und Deutsch. Dies war für ihn beim Anleiten des Gesangs von großem Vorteil, da auch die Lieder in verschiedenen Sprachen gesungen wurden. Er schien auch mühelos von Harfe zum Klavier zu wechseln, indem er die verschiedenen Lieder anleitete.
Man hatte sich wieder (wie schon bei früheren Weltkonferenzen) dafür entschieden, die Lieder, die man als Versammlung singen wollte, in einem Singbuch zusammenzufassen. Darin enthalten war ein beachtlicher Teil der Lieder in Spanisch.
Aber als Leiter des Gesangs war Dueck auch dafür verantwortlich, das Musikerteam zusammenzustellen, das ihm beim Anleiten der Lieder helfen würde, eine nicht ganz einfache Aufgabe.
Als Gesangleiter trachtete er danach, viel gemeinsam als Versammlung zu singen, denn dadurch würden die Menschen besonders aktiv an der Konferenz beteiligt. Am Donnerstagvormittag gab es dazu unerwartet eine Gelegenheit, als der Strom für eine Zeit lang aus war. Dueck und seine Helfer gingen auf die Bühne und es dauerte nicht lange, bis die Versammelten die bekannten Lieder in verschiedenen Sprachen mitsangen, bis der Strom wieder hergestellt war."

Chor aus der Schweiz

Ein Chor aus der Schweiz kam auch zur Weltkonferenz, um ihre Lieder vorzutragen.
Im September 2008 entschlossen sich Sänger aus verschiedenen Gemeinden, einen Chor zu bilden und nach Paraguay zur Weltkonferenz zu fahren. Ihr wertvoller Beitrag unterschied sich völlig von anderen Musikstilen, welche die Chöre aus Afrika, Lateinamerika und Kanada darstellten.
Unter den fast 50 Sängern befanden sich auch drei Generationen aus einer Familie. Geleitet wurde der Chor von dem Musiklehrer Peter Loosli. Mit ihm zusammen sangen auch die Mutter, seine Schwestern, ein Sohn und eine Tochter, sowie Nichten mit Töchtern und ein Neffe im Chor mit. Seine Mutter (Elsa) singt schon mehr als 40 Jahre in Kirchenchören, und sie hat dadurch auch sicherlich die Freude am Singen von Generation zu Generation weitergegeben und gefördert.

Paraguayischer interethnischer Massenchor

Das Beispiel von den indianischen Stämmen, die auf der Mennonitischen Weltkonferenz zusammen sangen, zeigt, wie Personen verschiedener Kulturen

zusammenkommen können, wenn sie einen lebendigen Glauben haben und ihren Egoismus nebenan stehen lassen.

Ein Massenchor unter der Leitung von Dirigent Ed Toews aus der Kolonie Menno im Chaco, an dem sich Sänger aus elf ethnische Gruppen beteiligten, brachte Lieder zum Lob, zur Anbetung und zum Preis Gottes. Es beteiligten sich 160 Sänger an dem Chor.

Anfangs schien die Idee eines interethnischen Massenchores fast unmöglich. Aber durch Kontakte zu vielen verschiedenen mennonitischen Gemeinden, die durch zahlreiche Gesangprogramme entstanden waren, wurde es schließlich doch möglich, diesen großen Chor zusammenzustellen, der aus verschiedenen Kulturen bestand. Eine besondere Herausforderung war die große Distanz, die die Sänger voneinander trennte.

Weil Toews auch als Musiklehrer in der Bibelschule in Yalve Sanga unterrichtet, hatte er die Gelegenheit, wenigstens mit einem Teil seiner (indigenen) Sänger einmal in der Woche zu üben. Die indigenen Sänger kamen von acht verschiedenen Volksgruppen. Indianer lesen das, was sie singen, grundsätzlich nicht vom Papier ab, deshalb mussten sie sich die Lieder auswendig lernen.

Der gesamte Massenchor hatte zwei gemeinsame Übstunden im Chaco und drei weitere in Ostparaguay, bevor es zur Weltkonferenz ging. Der Gesang des Massenchores wurde von Instrumenten wie der paraguayischen Harfe, Akkordeon, Triangel und anderen Schlaginstrumenten begleitet. Für die Sänger und Instrumentalisten war diese Erfahrung des multikulturellen interethnischen Massenchores eine große Freude und ein Vorrecht.

Ed Toews, der den Massenchor auf der Vollversammlung anleitete, sagte zu dem Ereignis: *„Ein Massenchor von etwa 160 Sängern und Instrumentalisten bestehend aus 8 interethnischen Indianergruppen, aus den spanischen Gemeinden von Asuncion und aus den deutschsprachigen Gemeinden der Mennonitengemeinde und der Mennoniten Brüdergemeinde aus Ost und West-Paraguay diente mit Gesang auf der 15. Mennonitischen Weltkonferenz.*

Als vor etwa zwei Jahren auf den Sitzungen von einem Massenchor für die MWK die Rede war, sah man es eher nicht so richtig durchführbar. Doch etwas später bat mich Herr Alfred Neufeld, einen größeren Chor, bestehend aus Sängern der deutschen, spanischen und indianischen Gemeinden der 8 Konferenzen aus Paraguay zusammenzustellen. Obzwar ich anfänglich etwas zögernd reagierte, sah ich es aber auch als eine große Herausforderung, nämlich eine Symbolik

„des Dienens und der Einheit". Neufeld gab mir auch eine Liedauswahl bestehend aus traditionellen spanischen und deutschen Liedern wie auch zwei Sätze aus einer Katholischen Messe „Misa Criolla" (Gloria und Agnus Dei) von Ariel Ramierez.

Eine große Herausforderung war es, eine ausgeglichene Sängergruppe aus allen Konferenzen zu befragen. Zahlreiche Sängerfeste wie auch Musikkurse über viele Jahre unter den deutschen-, indianischen- und spanischen Gemeinden in Ost- und West-Paraguay und auch das Mitwirken vieler Dirigenten erleichterten eine gerechte Zusammensetzung des Chores. Da ich auch teilweise in einer Indianerbibelschule in Yalve Sanga Musik und Chor unterrichte, bat sich da auch die Gelegenheit, wöchentlich mit einem indianischen Chor zu üben. Manche lokalen Dirigenten haben mit den verschiedenen Gruppen geübt. Zwei gemeinsame Übstunden wurden dann im Chaco durchgeführt und drei in Ost- Paraguay. Zu beachten ist auch, dass die Indianer im Chaco kaum Noten lesen und hauptsächlich nach dem Gehör geschult werden müssen. Auch war das Singen in deutscher Sprache etwas Fremdes für die meisten Indianer. Aber diese Einheit im Gesang war einzigartig. Es waren unter den Indianerstämmen Nivaclé, Enlhet, Sanapaná, Toba, Guarani, Angaité, Lengua Sur und Ayoreo vertreten. Nach unserer ersten gemeinsamen Übstunde im Chaco sagte eine Indianerfrau so hingenommen von dem vollen Chorklang: „So stelle ich mir den Tag der Wiederkunft Christi vor, da werden alle ethnischen Gruppen einheitlich die gleichen Lieder und in derselben Sprache singen."

Auf der Weltkonferenz am Samstag, den 18. Juli, am Tag des ersten Auftretens des Massenchores trafen sich beide Gruppen von Ost- und West-Paraguay zum einzigen Mal während der Mittagspause zur gemeinsamen Probe.

Für meine Frau Wilma am Klavier und für mich war dieses eine einzigartige, rührende Gelegenheit und Herausforderung. Die Symbolik einer interethnischen Einheit in der Vertonung einer Katholischen Messe, eine Reihe spanischer Lieder, ein für die deutschsprachigen Mennoniten beliebtes Lied „Das Kreuz von Golgatha" und zuletzt das Kyrie Eleison in acht Sprachen war einfach überwältigend. Verschiedene Instrumente wie Charango, Congas, Triangel, Harfen und Akkordeon gaben dem Gesang einen richtigen Carnevalito Latino Geschmack.

Für Sänger und Instrumentalisten war dieses Dienen auf den letzten zwei Gottesdiensten der 15. Mennonitischen Weltkonferenz ein Vorrecht und eine Freude. Gott sei die Ehre."

4.3. Berichte auf den Vollversammlungen: Die Vielfalt der Mennoniten

4.3.1. Mehr als ein Abenteuer - eine Hoffnung: Eine Reise mit dem Fahrrad von Virginia, USA, zur Weltkonferenz in Asunción

Die Idee, mit dem Fahrrad bis Paraguay zu reisen, hatten zwei Studenten aus den USA. Lars Akerson und Jonathan Spicher nahmen dieses Abenteuer in Angriff und reisten ab dem 6. Januar 2009 von Harrisburg, Virginia, die rund 12.000 km durch die Länder Mittel- und Südamerikas (Mexiko, Guatemala, El Salvador, Honduras, Nicaragua, Costa Rica, Panama, Ecuador, Perú, Boliven) und kamen rechtzeitig für die Teilnahme am Jugendgipfel und an der Weltkonferenz in Asunción an. Sie hatten die Reise geplant, sich gut ausgerüstet und mit verschiedenen Gemeinden und Organisationen Kontakte aufgenommen, wo sie vorbeikommen würden. Trotzdem blieb die Reise ein Abenteuer, auf der sie die Gastfreundschaft vieler Menschen erlebten.

Am 15. Juli berichteten Lars Akerson und Jonathan Spicher, wie sie auf die Idee kamen, mit dem Fahrrad von Virginia bis nach Paraguay zu reisen, und was sie unterwegs erlebten. Obwohl sie viele für verrückt hielten, so ein Unterfangen durchzuführen, machten sie sich doch auf den Weg, um in 182 Tagen die Strecke von Tausenden von km zurückzulegen. Auf der Reise durch die lateinamerikanischen Staaten haben sie erlebt, wie Menschen ganz unterschiedlicher Kulturen und Glaubensrichtungen sie bei jeglichem Wetter freundlich aufnahmen und beherbergten. Viele Leute gaben Rat, schlechten Rat fast ohne Ausnahme, und warnten vor den vielen Gefahren unterwegs, sowohl von Menschen als auch von der Natur. Aber immer wurden sie mit offenen Armen aufgenommen.

Ein besonderes Ereignis war es, als sie in Mexiko unterwegs waren. Man hatte sie vor Überfällen gewarnt, als plötzlich ein Auto neben ihnen anhielt. Freundlich übergaben die Insassen ihnen mitten in der Wüste eine heiße Pizza. Ähnliches wiederholte sich immer wieder unterwegs. Auf der Konferenz in Asunción berichteten sie von ihren Erfahrungen während der Reise. Nachfolgend einige Auszüge: *„Für uns ist es eine besondere Freude, hier zu sein, nachdem wir sechs Monate mit Fahrrädern unterwegs waren.*

Ein Zelt, das wir mitnahmen, brauchten wir nur zweimal; die anderen 182 Nächte bekamen wir Unterkunft in Kirchen, Schulen, Häusern oder Krankenhäusern; bei Evangelischen, Katholischen, Restaurantbesitzer, Taxifahrer, Viehzüchter und anderen.

Dass wir als unangemeldete Besucher gastfreundlich aufgenommen wurden, sehen wir als eine besondere Erfahrung an und es stimmt uns demütig. Wir meinen etwas von dem erfahren zu haben, wenn Jesus sagt: „Wahrlich, ich sage euch: Es ist niemand, der Haus oder Brüder oder Schwestern oder Mutter oder Vater oder Kinder oder Äcker verlässt um meinetwillen, der nicht hundertfältig empfange jetzt in dieser Zeit Häuser und Brüder und Schwestern und Mütter und Kinder und Äcker mitten unter Verfolgungen, und in der zukünftigen Welt das ewige Leben" (Markus 20, 21 - 30).

Unsere Reise hatte auch einen Grund zur Klage. Es war wie eine Wunde am Leib Christi. Da wir mit unseren Fahrrädern sehr verwundbar schienen, warnten uns unsere Gastgeber wiederholt vor den vielen Gefahren, die es auf der Strecke gebe. Beinahe alle Warnungen waren negativ: „Es gibt dort schlechte Menschen. Sie werden euch nicht aufnehmen, sie werden euch bestehlen. Ihr werdet krank werden." Interessanterweise wurden wir bei diesen schlecht dahingestellten Orten genauso gut aufgenommen und versorgt wie anderswo. Unserer Erfahrung lehrt uns: Wir sollen das Gute in den Menschen suchen. Für uns bedeutete es: Das empfangen, was der Heilige Geist uns zukommen ließ.

Wiederholt haben wir bei den Begegnungen an die Jünger Jesu gedacht, als sie ihm zum ersten Mal begegneten. „Was kann aus Nazareth Gutes kommen?", fragte Nathanael. Auch wir müssen kommen und sehen. Oft befinden wir uns auf der Seite Nathanaels, glauben und wiederholen die negativen Nachrichten, ohne den Menschen eine Gelegenheit zu geben, anders zu sein.

Menschliche Spaltungen sind bestimmt nicht „auf dem Weg zu Jesus". Wir gehören zwar zu verschiedenen Konfessionen, haben aber einen Glauben. Um Jesus nachzufolgen ist es notwendig, das Gute im Menschen zu sehen; um Jesus zu begegnen ist es wichtig, Vorurteile fallen zu lassen und mit Liebe zu sehen und zu hören.

Nun stehen wir vor euch mit brennenden Herzen und sind gemeinsam auf dem Weg Jesu Christi. Der Weg hierher war lang, der Weg bis zum Ende ist auch lang. Wir wollen ihn gemeinsam mit offenen Augen gehen und dabei Hoffnung ausstreuen!"

4.3.2. Dienst in Bolivien

Aus Simbabwe berichtete Sithabile Ndlovu, die in Bolivien unter den plattdeutschen Mennoniten einen Einsatz im Rahmen des Programmes YAMEN gemacht hatte. Sie war in ihrer Heimatgemeinde Sonntagschullehrerein und Vorsängerin und ist Englischlehrerin.

Sie ist Vollwaise, und nach dem Tod ihrer Eltern hatte sie den Wunsch, einen Dienst für Gott zu tun. Als sie von YAMEN hörte, bewarb sie sich, um in einem anderen Land eine andere Kultur kennen zu lernen und dort Botschafterin Gottes zu sein.

YAMEN steht für Young Anabaptist Exchange Network (Netzwerk für den Austausch junger Wiedertäufer). Es ist ein gemeinsames Programm der Mennonitischen Weltkonferenz und des MCC, das den Schwerpunkt auf die Erweiterung der Gemeinschaft zwischen den traditionellen mennonitischen Kirchen und der Entwicklung junger Führungskräfte weltweit legt. Daran dürfen sich junge Erwachsene (18 - 30 Jahre) beteiligen, die von der lokalen

Gemeinde ausgewählt sind, um ein Jahr in einer anderen Kultur zu dienen.
Sithabile Ndlovu berichtete von ihrer Arbeit in Bolivien von August 2008 bis Juli 2009, unter dem Motto: Gaben teilen und zusammen arbeiten. Sie arbeitete bei den plattdeutschen Mennoniten im Buchhandel. Sie erwähnte, dass es für sie eine Hilfe war um geistlich und persönlich zu wachsen. Interessant war es, neue Kulturen und Essgewohnheiten kennen zu lernen. Was für sie u.a. völlig neu und fremd war: Dass die jungen Männer sich ihre Frau wählen und diese dann noch bekommen, ohne dafür zu zahlen. Bei ihnen müssten die Männer mindestens sieben Rinder zahlen, um eine Frau zu bekommen.

Dieser Austausch sei sehr gut, um andere Menschen besser kennen und verstehen zu lernen, und sie haben ihr Konzept über andere Leute total verändert. Schwer war es, so weit und so lange von zuhause weg zu sein, und sie habe sich ganz fremd gefühlt, vor allem auch wegen der Hautfarbe. *„Ich konnte wachsen und bin stärker geworden. Ich verstehe jetzt was es heißt, nur von Gott abhängig zu sein. Meine Erfahrung von Bolivien will ich mit meinen jungen Landsleuten teilen und Jugendliche aufmuntern, Dienste in verschiedenen Orten der Welt zu übernehmen"*, schloss Ndlovu ihren Bericht.

Das MCC bietet auch heute noch die Möglichkeit für Jugendliche, sich an dem YAMEN - Programm zu beteiligen. Jährlich kommen bis zu 30 junge Christen an dem Programm teilnehmen und stellen sich in Ländern, wo das MCC arbeitet, in den Dienst für den Nächsten.

4.3.3. Vietnamesische Mennonitengemeinde Quang Trung, Vietnam

Pastor Quang Trung aus Vietnam, der der Präsident der Mennonitengemeinden in seinem Land ist, erwähnte, dass die Situation der Kirche im eigenen Lande schwer ist. Die Mennonitengemeinde besteht in Vietnam seit 1957. Nach einem Dekret vom 15. November 2004 habe man weniger Schwierigkeiten, die Gottesdienste in Freiheit zu gestalten. Aber es gebe immer noch strenge Gesetze um die Situation der Kirche zu regeln. Im November 2008 hatte man eine nationale Generalversammlung und bemühte sich darum, die volle legale Anerkennung zu erhalten.

2009 hatte die Kirche 137 Pastoren, 90 Gemeinden und mehr als 8.000 Mitglieder. Durch Bibelstudium, Trainingszentren und Musiktraining für aktive Jugendliche versuche man, die nächste Generation von Pastoren und Leitern vorzubereiten. Man sei auch dabei, neue Kirchen zu bauen. Pastor Quang schloss seinen Bericht mit der Bitte um Unterstützung durch Fürbitte, damit neue Kirchen eröffnet und Leute weitergebildet werden könnten.

4.3.4. Dienst in den Vereinten Nationen

Melani Susanti aus Indonesien erhielt die Gelegenheit, für einen Zeitraum von einem Jahr im Büro der Vereinten Nationen in New York zu arbeiten und viele Erfahrungen zu sammeln. Sie berichtete am 17. Juli auf der Morgenversammlung: *„Ich hatte vor zwei Jahren die Möglichkeit, an einem internationalen Programm des MCC mitzumachen. Nie hätte ich davon geträumt, dass ich je die Büros der Vereinten Nationen betreten würde. Alles war da fremd für mich, alles lief in Englisch, aber viele Leute unterstützten mich. Meine Herausforderung war: Willst du mit verschiedenen Personen arbeiten? Jede Person hat ihre eigene Kultur und eigene Ziele.*
Ich bekam bei der Arbeit Zutritt zu vielen Programmen der Vereinten Nationen, und ich schämte mich, als ich meine fehlenden Kenntnisse entdeckte. So nahm ich an vielen Kursen teil, die mir helfen, den Problemen zu begegnen, die kommen.
Viele meiner stereotypen Ansichten über andere Kulturen haben sich im Laufe des Programms geändert, ich respektiere andere mehr als früher, denn jeder hat das Recht, sein Leben zu machen. Ich habe gelernt, dass Dienen wie Christus ein Dienst im Frieden ist.
Als ich nach Hause kam, wollte ich die Menschen anders sehen, das war nicht immer leicht. Die Welt ist voller Ungerechtigkeit, voller Hass. Und in dieser Finsternis sollen wir Friedensboten sein. Wir sollen unseren Nächsten lieben, ihn annehmen. Diese Erfahrung hat mein Leben auf sehr positive Weise beeinflusst!"

4.3.5. Clair Brenneman und die Ruta Transchaco

Die Transchaco-Straße ist für alle Bewohner der Mennonitenkolonien im paraguayischen Chaco eine Selbstverständlichkeit. Sie hat in großem Maße dazu beigetragen, dass die Isolierung aufgehoben wurde und der wirtschaftliche Aufschwung, der die Verbesserung der Lebensbedingungen erst möglich machte, in Gang setzte und vorantrieb.
Clair Brenneman aus den USA kam als 19-jähriger in den Chaco, um sich am Bau der Transchaco zu beteiligen. Er berichtete auf der Weltkonferenz von seinen Erfahrungen: *„Ich kam nach Paraguay und da bemerkte ich die schwierige Situation der Mennoniten, aber sie gaben nicht auf. Sie bauten Schulen und Krankenhäuser und evangelisierten."*
Brennemann kam durch das MCC als PAX-Boy (Friedensjungen) nach Paraguay, um am Bau der Transchaco tätig zu sein. Der Bau dieser Straße war bis 2004 das größte Projekt des MCC - erst nach dem Tsunami in Asien

2004 wurde ein größerer Einsatz gemacht. In fünf Jahren wurden 398 km Straße im Chaco gebaut - vom Paraguayfluss Richtung Nordwesten, und von Filadelfia in Richtung Südosten - an dem 40 schwere Maschinen und etwa 50 Paxboys beteiligt waren, und im Oktober 1961 wurden die beiden Strecken bei Km 219 verbunden.

Clair Brenneman erinnert sich: *„Orie Miller kam nach Paraguay, um den Bau zu besichtigen. Seine ruhige und demütige Art spiegelte die Gesinnung des MCC wider. Uns Paxboys verband eine enge Kameradschaft und wir feierten gemeinsame Gottesdienste. Wir besuchten auch einen Gottesdienst bei Indianern. Nach der Predigt in der aus Lehm und Stroh gebauten Kirche gingen wir zu einem Wassertümpel, in dem 32 Indianerchristen getauft wurden, welche heute Teil der Mitgestalter dieser Weltkonferenz sind.*

Ich bin dem MCC und den paraguayischen Mennoniten heute dankbar für meine Erfahrungen, die ich machen musste. Das MCC ist keine perfekte Organisation, aber mein Gebet ist es, dass sowohl das MCC wie auch die Mennoniten in Paraguay in der Lehre Jesu bleiben und seinem Beispiel Folge leisten." Paraguay war zu der Zeit des Transchacobaus ein Land, das aus einer unruhigen politischen Zeit kam und sich langsam anfing zu stabilisieren. Der Präsident kam wiederholt an den Ort der Bauarbeiten, um sich zu vergewissern, dass die Arbeiten Fortschritte machten, und so kam es auch wiederholt zu Gesprächen mit den Paxboys.

4.3.6. Der Bruderhof in Paraguay

Michael Blough aus den Vereinigten Staaten erzählte kurz einiges zur Geschichte der Bruderhöfer allgemein und in Paraguay. 1936 haben sie an der Mennonitischen Weltkonferenz in Amsterdam teilgenommen, im Jahre 1937 haben die Nazis die Organisation dann aufgelöst, weil sie sich in ihrer entschiedenen Haltung dem Frieden gegenüber als standhaft präsentierten. Heute sind die Bruderhofer auch missionarisch tätig, sind Mitglieder beim MCC und haben auch Leute in Paraguay am Werk, zum Beispiel in der Arbeit bei der ASCIM in der Indianersiedlung Yalve Sanga.

4.4. Begegnung mit anderen Kirchen

Besonders war auch die Teilnahme verschiedener Amtsträger anderer christlicher Konfessionen aus Paraguay und dem Ausland. Dass verschiedene Vertreter aus nicht-mennonitischen Kreisen auch zu Wort kamen auf den Vollversammlungen, fanden Konferenzteilnehmer gut, andere dagegen waren sehr skeptisch gegenüber dieser Begegnung und meinten, dass wir

uns da auf ein zu gefährliches Feld begeben und eigene Glaubensprinzipien in Frage stellen oder sogar aufgeben würden, wenn wir uns zu sehr mit Katholiken, Lutheranern
u.a. annähern.

Die Leute, welche zu Wort kamen, haben die Gemeinschaft der weltweiten mennonitischen Glaubensgeschwister in der Weltkonferenz hervorgehoben und als sehr positiv dargestellt.

Als besondere Geste war es anzusehen, dass der Vertreter der Lutheraner ein Schuldbekenntnis vorlegte, weil sie als Reformierte im 16. Jahrhundert an der Verfolgung der Wiedertäufer beteiligt waren. So wurde Versöhnung
praktisch dargestellt, und man will darauf eine engere Beziehung in Zukunft aufbauen. Erste Kontakte in dieser Hinsicht waren zwischen Reformierten und Mennoniten schon auf der Mennonitischen Weltkonferenz in Straßburg im Jahre 1984 hergestellt worden, um Trennungspunkte aus der Vergangenheit zu diskutieren und Versöhnung anzustreben.

Der Rat des Lutherischen Weltbundes (LWB) äußerte sein *„tiefes Bedauern und Kummer"* über das Erbe der brutalen Verfolgung von Wiedertäufern, auch darüber, dass lutherische Reformatoren diese Verfolgung mit theologischen Argumenten unterstützten. Man bat *„Gott und unsere mennonitischen Schwestern und Brüder"* für dieses Unrecht um Vergebung. Man will nicht vergessen, sondern die brutale Geschichte der Verfolgung im Lichte der Vergebung sehen.

Im Anschluss bedankte man sich für diese Geste der Versöhnung. Dr. Larry Miller, Generalsekretär der Mennonitischen Weltkonferenz meinte im Nachhinein, dass die Mennoniten sich nicht selber applaudieren sollten sondern *„der Gnade Gottes unter uns"*. Man lerne voneinander und habe von den Lutheranern gelernt, *„dass wir allein durch unseren Glauben gerechtfertigt sind, weil wir wissen, dass die Rechtfertigung nicht nur Beziehungen zwischen einem selbst und Gott, sondern auch Gemeinschaft von Kirchen herstellt."* Der Generalsekretär des Lutherischen Weltbundes, Dr. Ishmael Noko brachte zum Ausdruck: „Wir *haben in Paraguay wie die Kinder, geweint als wir sahen, wie die Mennoniten uns in die Arme schließen würden."*

Der Dialog- und Versöhnungsprozess hatte schon 1980 begonnen, als aus Anlass des 450. Jahrestages des Augsburger Bekenntnisses Vertreter mennonitischer Kirchen fragten, wie sie mitfeiern sollten, wo doch das gefeierte Dokument die Wiedertäufer und ihre eigenen Lehren verurteilte.

5. Die Arbeitsgemeinschaften - Workshops

An den Nachmittagen von Mittwoch bis Samstag fanden viele

Arbeitsgruppen statt, an denen sich die Konferenzteilnehmer nach Belieben beteiligen durften. Es gab eine Vielfalt von Angeboten, so dass alle Leute, die für ein bestimmtes Gebiet Interesse hatten, auf ihre Kosten kamen.

Es gab mindestens 60 Sonderveranstaltungen, die sich auch bis nach der Konferenz hin zogen. So zum Beispiel trafen sich Vertreter von Indianerstämmen aus ganz Amerika, um sich auszutauschen und kennen zu lernen. Auf der Vollversammlung trat eine Gruppe von Indianern aus Nordamerika auf und es wurde kurz von der Arbeit unter ihnen berichtet, und nach der Konferenz besuchten indianische Mennoniten aus anderen Ländern ihre Glaubensgeschwister im Chaco.

5.1. Inhalte

Einige der Projekte, die auf der Weltkonferenz in Workshops vorgestellt wurden bzw. Inhalt reger Diskussionen waren und somit die gegenseitige Kenntnisnahme ermöglichten und das „voneinander und miteinander Lernen" förderten, werden nachfolgend näher vorgestellt. Das ergibt einen kleinen Einblick in die Vielfalt der Interessen und Arbeitsbereichen, auf denen sich Mennoniten weltweit betätigen. Eine Auswahl der Themen, die in den Workshops geboten wurden: - Weltweite Mennonitengeschichte - Gewalt in der Familie - Kinder und Glauben - Die Zukunft der MWK - Christen in China - Jugend und Jüngerschaft - Gesundheit - Unsere Musik und unser Glauben - Mennoniten und Politik - Beziehungen von Gemeinde zu Gemeinde - AIDS: als Gelegenheit, Menschen zu erreichen - Unseren Platz in der Schöpfung wiederfinden - Kreative Methoden um Jugend zu erreichen - Unsere Antwort auf die weltweite Hungerkrise - Den Konsumrausch besiegen, Dankbarkeit lernen - Das Evangelium des Friedens in der Begegnung mit der Welt des Islam.

An einigen Nachmittagen gab es für Konferenzteilnehmer die Gelegenheit, einen Diensteinsatz zu machen. Dazu hatte man an verschiedenen Stellen Arbeiten vorbereitet, um an den Stellen des Christlichen Dienstes und in Gemeinden in und um Asunción kurze Tageseinsätze zu machen. So fuhren dann Gruppen zur Kindertagesstätte, zum Aids-Zentrum „Alto Refugio", zum Altenheim in Luque, oder auch zu einer Gemeinde, um dort zu färben, zu basteln, putzen oder auch mit den Mitgliedern der Gemeinde im Gefängnis „Tacumbú" zusammen Zeit zu verbringen. Die Herausforderung war, Gott auf eine ganz neue Art zu erfahren.

In vielen Arbeitsgruppen entstand die Diskussion um die Herausforderungen, die sich den Mennonitengemeinden weltweit im 21. Jahrhundert stellen, so dass viele Ideen gesammelt wurden und mit in die verschiedenen Kontinente und Länder genommen wurden, zum Beispiel im Kampf gegen Hunger, Gewalt und Aids, um sie dort in Anbetracht der lokalen Umstände weiter zu entwickeln.

5.1.1. Das Projekt der mennonitischen Geschichtsschreibung weltweit

An drei Nachmittagen versammelten sich mennonitische Historiker, um sich über Themen aus der Geschichte und Gegenwart der Mennoniten auszutauschen. Den Vorstellungen folgten rege Diskussionen, in denen gegenwärtige und vergangene Erlebnisse hervorgehoben wurden.
Das Programm sah wie folgt aus:

Erste Sitzung: Die globale Mennonitengeschichte - Arbeit der regionalen Geschichtsvereinigungen
Leitung: John Lapp aus Lancaster, USA.
John Lapp betonte in der Begrüßung, dass es bei diesen Treffen darum gehe, dass wir gegenseitig voneinander lernen, um so die eigene Geschichte festzuhalten und den Menschen zugänglich zu machen.
Es berichteten Jaime Prieto aus Costa Rica und Royden Loewen aus Kanada von ihrer Arbeit am Projekt der Mennoniten in Amerika. Jaime Prieto arbeitet an einem Werk zur Geschichte der spanisch sprechenden Gemeinden. Er gab einen Überblick über die Arbeit der Geschichtsschreibung in Lateinamerika. Seit 1912 gibt es Mennoniten in Lateinamerika, als die erste Missionsreise gemacht wurde. 1917 kamen Missionare nach Argentinien und gründeten da die erste Missionsgemeinde. Prieto wies darauf hin, dass Ungerechtigkeit angezeigt werden muss, der Frieden verkündet und Liebe verbreitet werden soll. Er erzählte sehr gefühlsvoll und emotional, nach Latinostil.
Royden Loewen, Kanada, berichtete von seiner Arbeit über die Mennoniten in Nordamerika. Auch das Werk ist im Zusammenhang der weltweiten Geschichtsschreibung. Loewen will die Geschichte der traditionellen Mennoniten Lateinamerikas zu Papier bringen.
Andere Berichte sollten sonst folgen, es waren aber Hindernisse in den Weg getreten, so dass nicht alle Historiker erschienen waren.
Einer der Teilnehmer des Historikertreffens war Hans Werner aus Kanada, Leiter der Delbert-Plett-Stiftung, die die Zeitschrift „Preservings" herausgibt und auch andere Arbeiten zur Geschichte der traditionellen Mennoniten finanziert. Sie haben auch die Übersetzung des Buches „Canadian Mennonites Conquer a Wilderness" finanziert. Werner ist Sohn von Flüchtlingen aus der Sowjetunion nach dem 2. Weltkrieg. Seine Vorfahren kamen jedoch nicht

nach Paraguay (Neuland bzw. Volendam), wie viele andere Russlandflüchtlinge.

Zweite Sitzung: Die Leidenszeit der Russlandmennoniten zur Zeit der UDSSR von 1930 - 1980

Leitung: Walter Sawatsky

Frau Dr. Katharina Neufeld aus Detmold, Deutschland, präsentierte eine Übersicht über die leidvolle Verfolgungszeit der Mennoniten zur Zeit des kommunistischen Sowjet-Regimes. Verbunden mit ihrer Vorstellung war auf der Konferenz eine Ausstellung von Bildern und Plastiken zur Leidensgeschichte der Mennoniten vorbereitet worden, die den Betrachter tief beeindruckten.

Dieselbe Vorstellung von Dr. Neufeld war vor der Konferenz in Filadelfia im Chaco präsentiert worden, da in Fernheim und Neuland viele der aus Russland Geflohenen eine neue Heimat gefunden haben und sie somit ein Teil ihrer Vergangenheit hautnah nachvollziehen konnten.

Frau Neufeld behauptete unter anderem: *Die Mission der Mennoniten in Russland ist abgeschlossen.*

Viktor Fast aus Frankental, Deutschland berichtete von den Erfahrungen der Mennoniten in Mittelasien (Kasachstan), und Peter Epp aus Omsk präsentierte eine Studie über die Mennoniten im Omsker Bereich.

Dritte Sitzung: Das MCC und Paraguay

Leitung: Jakob Warkentin, Neu-Halbstadt, Neuland, Paraguay

Im ersten Teil dieses dritten Treffens der mennonitischen Geschichtsinteressenten sprach Edgar Stoesz aus Akron, Pennsylvania, zum Thema: Die Rolle des MCC in Paraguay von 1927 - 1980. Er wies in einer kurzen Präsentation auf, wie die ersten mennonitischen Einwanderer nach Paraguay gekommen waren, und betonte, dass Gott es so geführt habe, dass Mennoniten aus Kanada in den Chaco kamen, wo sie ansiedelten (Kolonie Menno - 1927), und somit eine Tür öffneten, die in späteren Jahren tausenden von Flüchtlingen aus der Sowjetunion eine neue Heimat schuf (Fernheim 1930 - Neuland und Volendam 1947). Denn durch die Aufnahme der kanadischen Mennoniten und der Herausgabe von Gesetz 514 - dem vielmals genannten „Mennonitengesetz" - von Seiten der paraguayischen Regierung, wurde Flüchtlingen die Einwanderung leicht gemacht.

Dem Vortrag von Stoesz folgte eine zweite Präsentation von Heinz Dieter Giesbrecht, dem Gemeindeleiter der Ost-Mennonitenbrüdergemeinde aus Filadelfia. Er machte weitere Ausführungen zur Rolle des MCC im Prozess der Ansiedlung und der Entwicklung der Mennoniten in Paraguay

Vierte Sitzung: Vorstellung von Arbeiten der mennonitischen Geschichtsorganisationen weltweit

Leitung: John Roth, USA

Am Samstag, den 18. Juli trafen sich am Nachmittag Geschichtler zu einem Workshop im Colegio Victoria. Bei diesem Geschichtler Treffen informierten Historiker von ihren Forschungen und von der Arbeit von Geschichtsvereinen allgemein.

Auf dem Treffen waren Geschichtler aus Kanada, den USA, Niederlande, Schweiz, Deutschland, Brasilien, Frankreich und Argentinien dabei. Es wurden keine großen Inhalte bearbeitet, sondern alle stellten sich vor und beschrieben kurz ihre Arbeit, die sie im Bereich der Geschichte bzw. Geschichtsschreibung machen. Viele arbeiten an lokalen Projekten, an der Geschichte ihrer Gemeinde oder der Täufergeschichte ihrer Gegend.

Der Austausch sollte vor allem auch dazu dienen, Kontakte herzustellen und deshalb wurde eine Liste mit Namen und Emailadressen erstellt, die John Roth vorbereitete und per Internet an Interessenten verschickt wurde.

GAMEO (Global Anabaptist Mennonite Enxyclopedia Online) wurde vorgestellt, sowie weitere Projekte. GAMEO will Informationen von Wiedertäufergemeinden weltweit sammeln und allen zugänglich machen. Die Idee begann 1996 als ein Projekt kanadisch-mennonitischer Geschichtler. Es wurde die „Mennonite Encyclopedia" von 1950 veröffentlicht, und 2005 enstand dann GAMEO mit dem Ziel, gemeinsame Geschichtsprojekte zu führen.

John D. Roth, Geschichtsprofessor am Goshen College, Goshen, Indiana, USA, Editor des Mennonite Quarterly Review und Direktor der „Mennonite Historical Library" derselben Universität, hat seine Eindrücke nach der Konferenz für dieses Buch aufgeschrieben.

Geschichtlertreffen informiert und inspiriert: MWK Workshops zur Geschichte und dem Global Anabaptist Wiki Project

John D. Roth

In der Nacht vom 21. März 1526 zerbrach eine Gruppe Wiedertäufer in Zürich ein Fenster im Neuen Turm und floh im Finsteren von der Gefängniszelle durch den Graben, der das Gefängnis umgab. Zwei Wochen davor hatte das Züricher Stadtkonzil die 19 Gefangenen zu lebenslanger Haft verurteilt - unter ihnen Felix Manz, Konrad Grebel und Georg Blaurock. „Ungehorsam, Verletzung der öffentlichen Ordnung und der Autoritäten, sowie Umsturz der allgemeinen Interessen und der Christlichen Verhaltensregeln", war das Urteil. Nach dem Zeugnis von Wilhelm Exell, der bald darauf wieder gefangen genommen wurde, war diese Gruppe unentschlossen gewesen darüber, wohin ihr Weg hinter der Stadtmauer führen sollte. „Einer sagte, er würde hierhin gehen, ein anderer dorthin, aber andere ... sagten sie würden zu den Rothäuten in Übersee gehen", berichtete Exell.

Keiner der an dem Abend gefangenen Wiedertäufer hat es jemals geschafft „zu den Rothäuten jenseits des Meeres" zu gehen. Aber die Bewegung, die sie in Schwung gebracht hatten, weigerte sich zu sterben. Obwohl erst einige Jahrhunderte später, haben Nachkommen dieser Zürcher Wiedertäufer tatsächlich die Meere überquert -zuerst im Jahre 1683 nach Nordamerika, dann in den 1860-er Jahren nach Indonesien, und letztendlich, im 20. Jahrhundert, zu den „äußersten Enden der Erde" als Flüchtlinge, Abenteurer, Missionare und Unternehmer.

Heute - fünf Jahrhunderte nach dessen Anfang in der Schweiz - ist der Glaube der Wiedertäufer zu einer globalen Bewegung geworden. Nach Angaben der Mennonitischen Weltkonferenz 2009 gibt es weltweit 1,6 Millionen getaufte Wiedertäufer, wovon nur 65.000 Mitglieder in Europa sind und 525.000 in Nordamerika. Der Rest - mehr als eine Million -, der auch Teil der weltweiten Glaubensgemeinschaft ist, lebt in fast 80 verschiedenen Ländern und bildet 217 organisierte Konferenzen.

Da der Mittelpunkt der Wiedertäufer sich zahlenmäßig von Europa und Nordamerika wegbewegt hat, ist auch die Herausforderung, das Gefühl der geteilten Identität zu erhalten, komplexer denn je zuvor geworden. Im Laufe des letzten Jahrhunderts hat die Mennonitische Weltkonferenz, deren erste Versammlung 1925 stattfand, als ein wichtiger zentraler Punkt der Kommunikation gedient. Die regelmäßigen Versammlungen seitdem haben verschiedene Wiedertäufer-Mennoniten aus der ganzen Welt für Diskussionen, gegenseitige Ermutigung, und dem Teilen von geistlichen und materiellen Gaben zusammengebracht. Jedoch die Herausforderung der ständigen Kommunikation bleibt. Wie kann eine zunehmend unterschiedlichere wiedertäuferische Glaubensgemeinschaft miteinander verbunden bleiben? Wie kann sie die Geschichten teilen, die die Identitäten ihrer Mitglieder auf mannigfaltige Weise geformt hat?

Während der Mennonitischen Weltkonferenz in Asunción im Juli 2009 hat sich eine Gruppe von fast 30 Historikern, in Vertretung von Geschichtsvereinen aus einem Dutzend Ländern getroffen, um sich in Gesprächsrunden über ihre aktuelle Arbeit und ihre Träume für die Zukunft auszutauschen. Verschiedene anregende Themen kamen aus dieser Gesprächsrunde hervor. Zum Beispiel präsentierten John Lapp und Arnold Snyder die Aktualisierung der Serie „Global Mennonite History", mit der sie schon seit fast einem Jahrzehnt arbeiten. Bücher zur Geschichte der Mennoniten in Afrika und Europa sind bereits erschienen, und Jaime Prieto's Geschichte der Mennoniten in Lateinamerika wird wahrscheinlich in naher

Zukunft veröffentlicht werden. Die Herausgeber informierten auch, dass zwei zusätzliche Bücher in der Serie - zur Geschichte der Mennoniten in Asien und in Nordamerika - fast komplett sind. Alle diese Bücher sollen nach und nach in Englisch, Spanisch und Französisch veröffentlicht werden. Wenn das Projekt fertig ist, wird es die umfassende Geschichte der Anabaptisten weltweit wiedergeben.

Die Gruppe hörte auch aktuelle Neuigkeiten von Dr. Katharina Neufeld über ihre Arbeit mit dem Museum für russlanddeutsche Kulturgeschichte in Detmold; ein Museum, das den Aussiedlergruppen aus der ehemaligen Sowjetunion in Deutschland hilft, sich an ihre eigenen geschichtlichen Wurzeln zu erinnern. Neufeld hatte einige bedeutende Stücke aus der Museumssammlung für die Ausstellung im MWK Konferenzzentrum arrangiert. Diese Ausstellung hat viele positive Kommentare hervorgerufen.

Die Gastgeber aus Paraguay gaben mehrere Berichte über die aktuellen Daten der Geschichtsarbeit der Mennoniten: Jacob Warkentin, zum Beispiel, informierte über das soeben fertig gestellte Lexikon der Mennoniten in Paraguay; Gerhard Ratzlaff gab die Übersetzung einiger seiner Bücher bekannt, und Uwe Friesen, der Leiter des Geschichtskomitees der Kolonie Menno, kommentierte einige neue Initiativen der Geschichtsarbeit im Bereich der Lehrerausbildung, in dem er arbeitet.

Zusätzlich berichteten Vertreter vieler anderer historischer Vereinigungen über viele verschiedene aufregende Initiativen und Projekte: z.B. Doktorarbeiten, die geschrieben werden, neue Museen oder Ausstellungsräume, Tours zu Familiengeschichten, die Rekonstruktion der Wiedertäufer-Fußgängerbrücke, Pläne für wissenschaftliche Konferenzen, die Veröffentlichung neuer Bücher, Zeitschriften und Quellenmaterialsammlungen, und aktuelle Forschungsprojekte über Themen wie das mennonitische Liedgut bis hin zur ostafrikanischen Erweckungsbewegung.

Am Ende der Sitzung füllten die Teilnehmer eine Liste mit ihren Namen und Adressen aus, so dass Interessierte auch nach der Konferenz miteinander in Kontakt bleiben könnten.

Eines dieser Projekte weckt besondere Hoffnung, mehr Kommunikation unter den verschiedenen Mennonitengruppen zu fördern, insbesondere unter denen, die an der Geschichte interessiert sind. John D. Roth, Geschichtsprofessor am Goshen College und Herausgeber der Zeitschrift Mennonite Quarterly Review, hat seine Vision für ein Projekt, welches die Kraft des Internets nutzen will, um die Mennoniten über geografische Grenzen hinweg zu vernetzen, zusammengefasst.

Aufgebaut nach dem Model von Wikipedia, ist die „Global Anabaptist Wiki" ein Internetexperiment, wo Mennonitengruppen aus der ganzen Welt ihre

Geschichte erzählen, Archive mit relevanten Daten aus ihren Gruppen publizieren und mehr von anderen Gruppen lernen können.

Das „Wiki"-Konzept nimmt an, dass es am besten ist, wenn die Information von der Wurzel, also von den lokalen Experten kommt. Außerdem erlaubt es Einzelne und Gruppen aus der ganzen Welt ihre eigene Geschichten auf dynamische Weise zu erzählen, mit Aktualisierungen und Korrekturen sobald mehr Informationen in der „Global Anabaptist Wiki" verfügbar sind.

In dem Workshop zum Thema „Global Anabaptist Wiki" waren etwa 60 Teilnehmer zusammengekommen, die eine lebhafte Diskussion über die positiven Aspekte dieser Idee und über Verbesserungsvorschläge für diese Seite führten. In den Monaten seit dem Workshop wurde das Grundgerüst für die

„Global Anabaptist Wiki" aufgebaut und täglich werden neue Daten hinzugefügt. Man kann sich über diese Seite im Internet unter folgender Adresse informieren: **www.anabaptistwiki.org**.

Für beinah alle Wiedertäufergruppen ist eine eigene Internetseite erstellt worden, jedoch haben viele dieser Seiten bisher noch nur ein Minimum von Informationen aufzuweisen. Letztendlich ist es das Ziel, eine Mischung zu haben von genauen Informationen und Fakten über jede Gruppe, sowie

informellen Geschichten, Fotos und anderen Quellen, die einen persönlichen Einblick in die Identität der jeweiligen Gruppe geben. Mehrere den Kirchen nahestehenden Schulen haben bereits ihr Interesse geäußert, diese Seite als Ausstellungsplatz für die Forschungsarbeiten der Studenten zu benutzen, damit mehr davon profitieren können.

Klar, das Projekt ist noch in den Kinderschuhen und bringt viele Herausforderungen mit sich. Bisher ist Englisch noch die Hauptsprache für die

„Global Anabaptist Wiki", obgleich jede Seite so aufgebaut ist, dass sie leicht in Spanisch, Deutsch und Französisch übersetzt werden kann, und die Übersetzung der Hauptseiten wurde schon begonnen. Sobald die Grundumrisse der Seite klar sind, werden wir verstärkt an der Bekanntmachung der „Global Anabaptist Wiki" arbeiten müssen, so dass Gruppen ermutigt werden, Zusatzinformationen über sich selbst zu publizieren und den Wert der Seite als Langzeitarchiv erkennen.

Gerade sind wir in ein neues Jahrhundert eingetreten, in welchem die mennonitische Gemeinschaft zweifellos weiter in Zahl und Diversität wachsen wird. Historiker haben sich nicht immer schnell an die Veränderungen ihrer eigenen Zeit angepasst. Aber wir wissen, dass Geschichten die Identität stärken, besonders in Zeiten schneller Veränderungen. Und während die globale Glaubensgemeinschaft sich weiter ausbreitet, werden die Historiker eine

wichtige Rolle spielen darin, den Mennonitengruppen auf der ganzen Welt zu helfen, ihre Geschichten auf eine Art und Weise zu teilen, die die geografischen, die kulturellen und sprachlichen Grenzen überwindet.
In diesem Tun, lasst uns die Einzigartigkeit jeder individuellen Geschichte feiern, genauso wie wir die Gegenwart und das Wirken des Heiligen Geistes im größeren Drama der Geschichte Gottes suchen, während sie sich weiter entfaltet.
(The Sources of Swiss Anabaptism, Leland Harder, ed. (Scottdale, Pa.: Herald Press, 1985), 448, 451).

5.1.2. Internetseite über Mennoniten weltweit

Samstag, 18. Juli Nachmittag, Workshop zum Thema:
Leiter: John Roth
Unter www.anabaptistwiki.org hat man angefangen, eine Internetseite aufzubauen, wo man Informationen über die weltweite Mennonitenfamilie reinstellen will. Anhand von einem Beispiel wird die Seite von Roth erklärt. Danach diskutiert man, was reinkommen sollte und was nicht, wie man vorgehen würde. Fragen:
Was wollte Gott von uns, als 1525 die Täuferbewegung entstand?
Wir wollen die Geschichte anders erzählen.
Es sollten Verbindungen zu anderen Internetseiten, wo Menonitica vorkommt, hergestellt werden.
Material soll gesammelt werden, dass sonst in vielen anderen Internetseiten verstreut zu finden sein könnte.
Welche Sprachen? Es wäre gut, wenn die Seite in verschiedenen Sprachen laufen könnte. Jetzt arbeitet man mit Englisch.
Benutzer sollten Korrekturen oder neue Informationen einschicken.
Auf die Frage, ob Bilder reinkommen, meint man, dass die zumindest jetzt zu viel Raum einnehmen würden. Ansonsten ist das mit wenig Kosten verbunden.
Werbung sollte keine reinkommen.
Ein Techniker müsste die Einrichtung machen und überwachen, ein Experte sollte für den Inhalt verantwortlich sein.
Frage: Was geschieht mit denen, die in der arabischen Welt arbeiten, wo sie auch in Lebensgefahr sein können? Wenn die hervorgehoben werden und das bekannt wird, ist ihr Dienst da vorbei, meint man, also muss man da sehr vorsichtig mit Informationen umgehen.
Ein Forum und Diskussionsebenen sollten eingebaut werden, wo alle sich einbringen können.

5.1.3. Die Betreuung der Schöpfung

In der modernen Zeit hat die christliche Kirche viele Aufgaben zum Erhalt der Schöpfung unternommen. Schneller Wirtschaftswachstum, die Entdeckung neuer fossilen Naturschätze, die schnelle Bevölkerungszunahme haben eine immer stärkere Nachfrage auf die „Gaben der Erde" zur Folge: Fische, Minerale, Ackerland sind einige Bereiche, wo die Nachfrage immer mehr zunimmt.

Die christlichen Schriften lehren uns aber, dass die Erde des Herrn ist, und wir nicht mit ihr tun dürfen, was uns gelüstet. Wir werden mit den Folgen der Ausbeutung konfrontiert, indem Lebewesen aussterben, Landstriche zu Wüsten werden und das Klima sich schnell wandelt. Wir sind als Christen herausgefordert, Gottes Schöpfung zu bewahren.

Auf der Mennonitischen Weltkonferenz wurde der Schutz der Schöpfung Gottes zu einem größeren Thema gemacht, finanziert von der C.P. Loewen Family Foundation. Eine Serie von Arbeitsgemeinschaften fand statt, um das Bewusstsein des Naturschutzes zu fördern.

Anfänglich berichteten Brüder und Schwestern, wie sie das Versagen des Naturschutzes zu spüren bekommen, um so praktische Schritte zu unternehmen, wie Mennoniten ihre Rolle im Naturschutz einnehmen können. Insgesamt nahmen mehr als 270 Leute an den Workshops teil, und beteiligten sich auch rege an den Diskussionen am Ende der Vorstellungen.

Es gab vier Workshops zu diesem Thema:

1. Die Erde ist des Herrn: Eine Untersuchung der biblischen Grundlage zum Schutz der Schöpfung und die wissenschaftlichen Beweise unseres Missbrauchs derselben.

2. Stimmen der Ausgegrenzten: Zeugnisse von Eingeborenen in Paraguay und Nordamerika über den Impact des Missbrauchs der Natur in ihrem eigen Leben.

3. Die ganze Schöpfung wächst: Beiträge von Mennoniten aus aller Welt, wie der Missbrauch der Natur ihre Gemeinschaft beeinflusst, und wie man darauf reagieren kann.

4. Die Schöpfung wartet brennend auf uns: Neue Wege sollen gefunden werden, wie Mennoniten als einzelne und als Kollektivität Verantwortung der Schöpfung gegenüber übernehmen können.

Auch im Weltgemeinschaftsdorf wurde an einem Platz eine Ausstellung zum Thema des Naturschutzes gebracht. Durch die Ausstellung von Bildern und der Präsentation eines Films kam man mit vielen Besuchern ins Gespräch, und von diesen wurde die Notwendigkeit des Schutzes der Schöpfung immer wieder hervorgehoben.

Auf einer Vollversammlung brachte Wilma Bailey aus den USA einen kurzen Beitrag zum Thema, und Melani Susanti sprach ein Gebet der Reue und Übergabe. Durch diese Vorstellung auf der Hauptveranstaltung konnte ein wichtiges Zeichen gesetzt werden für alle.

Abraham pflanzte einen Baum nach der Begegnung mit Abimelech (1. Mose 21, 33). Eine Gruppe von Teilnehmern an den Workshops pflanzte einen Baum bei der Kirche „La Roca" in Asunción am letzten vollen Tag der Konferenz, als Symbol für den Schutz der Natur und dass Mennoniten weltweit in dieser Art tätig werden.

Konkrete Schritte, die aus diesen Treffen auf der Mennonitischen Weltkonferenz in Asunción hervorgekommen sind, und die von der internationalen Planungskommission vor dem Generalkonzil präsentiert wurden:

- Ein Buch zum Thema des Naturschutzes für die Globale Wiedertäuferische Buchreihe. Es wurde vorgeschlagen, dass zwei Autorenteams, eines von Nordamerika / Europa, und ein globales für den Süden, diese Arbeit machen.

- Eine Sammlung von Liedern der weltweiten Mennonitenkirchen, die sich auf die Schöpfung und deren Schutz beziehen, denn es gibt in den Traditionen der Mennonitischen Weltkonferenz viele Lieder, in denen Gottes Aufruf zum Schutz der Natur und seiner Ressourcen hervorgehoben wird.

- Eine globale Beratung zum Schutz der Schöpfung, weil der Missbrauch der Schöpfung zunimmt, und der Ruf der Gemeinden drängt, um sie zu erhalten.

Wege sollen von mennonitischen Gemeinden gefunden werden, ihre Erfahrungen zu teilen und Wege gesucht werden, gemeinsam zu arbeiten in der Hilfe und in der Einheit in Christus.

Auf der Versammlung am Samstag, dem 18. Juli, sagte der Leiter der Kommission für Glaube und Leben, Dr. Alfred Neufeld, dass der Schutz der Schöpfung eines ihrer wichtigsten Themen sein werde und es die Arbeit anderer Kommissionen beeinflussen werde. Ein Raum kann so geschaffen werden, dass Aktivitäten zum Naturschutz entwickelt werden.

Das Buchprojekt

Luke Gascho, Mitglied des Internationalen Planungskomitees, schrieb ein Buch unter dem Titel „Naturschutz: Wächter der Erde", das in den Nordamerikanischen Gemeinden gebraucht werden soll. Ein mögliches zweites Buch ist in der Diskussion. Dieses Material soll in Französisch und Spanisch übersetzt werden. Durch das wachsende Interesse der Gemeinden bezüglich der Verantwortung des Christen in verschiedenen Aspekten ist die Idee entstanden, eine weltweite Konsultation zum Thema des Naturschutzes zu machen. Dabei geht es darum, Wege zu finden, wie man Krisen begegnen kann und die gesunde Beziehung zur Schöpfung wiederherstellen.

Anerkennungen

Das Internationale Planungskomitee anerkennt die wertvollen Beiträge von Personen in ihrer Arbeit. Dazu gehören Bert Lobe, Betty Puricelli, Sam Puricelli und Mokhlesur Rahman.

Lobe war der globale Botschafter und ein Initiator der Arbeit zum Schutz der Schöpfung auf der Weltkonferenz. Betty Puricelli diente als Übersetzerin im Planungskomitee, schon Monate vor der Konferenz und auch auf derselben. Sam Puricelli diente als Fotograf und dokumentierte die Versammlungen auch auf Filmen. Mokhlesur aus Bangladesh war Mitarbeiter bis es klar wurde, dass er nicht nach Paraguay kommen konnte, weil ihm die Visa verweigert wurde.

Wichtig war auch, um die vielen Sitzungen und Arbeiten durchzuführen, dass die „Loewen Foundation of Steinbach" in Manitoba, Kanada die finanziellen Beiträge leistete, weil sie ohne diese Arbeit nicht getan werden konnte.

Das Internationale Planungskomitee der Naturschützer setzte sich aus folgenden Personen zusammen: Wilma Bailey, Christian Theological Seminary, Indianapolis, Indiana, USA; Stuart Clark (Chair), Canadian Foodgrains Bank, Winnipeg, Manitoba, Canada; Wilfried Giesbrecht, La Fundación Para El Desarollo Sustentable del Chaco Sudamericano, Loma Plata, Paraguay; Norman Meade, Aboriginal Neighbours Program, Mennonite Central Committee, Winnipeg, Manitoba, Canada; Melani Susanti, Mennonite Foundation Hospital, Kudus, Central Java, Indonesia; Susan Wenger, Mennonite Central Committee, Akron, Pennsylvania, USA.

5.1.4. Ärztetreffen

Nahe an 200 Leute aus dem Gesundheitsbereich versammelten sich an zwei Tagen im Hörsaal der „Fundación Visión". Organisiert waren diese Treffen von mennonitischen Ärzten aus Paraguay und Nordamerika. Auf den Versammlungen wurden zahlreiche medizinisch-soziale Arbeiten vorgestellt, beidenen Mennoniten Hilfsbedürftigen durch die Medizin helfen wollen, und gleichzeitig das Evangelium von Christus predigen.

Von paraguayischer Seite stellte man Erfahrungen vor, bei denen Menschen Hilfe erhalten, die an Lepra, Tuberkulose, Pie bot, AIDS, Blindheit leiden oder auch geistig krank sind, begleitet mit einer starken geistlichen Betreuung.

Vertreter aus Nordamerika, Kongo und aus der Ukraine brachten Berichte, die beeindruckten und schilderten, wie andere Hilfe erhalten.

Man fragte sich, welche Rolle mennonitische Gesundheitshelfer in der Zukunft einnehmen sollten, wenn sie den Weg Jesu gehen. Dabei war man sich einig, dass die Hilfe an Ausgegrenzte und Arme an erster Stelle stehen sollte, weil sie oft unter einem Stigma leiden, das ihnen keine Integration in die Gesellschaft ermöglicht.

Um die Diskussion, die angefacht wurde, weiterzuführen, hat man ein Komitee gegründet, dass gewährleistet, das auch auf späteren Konferenzen ähnliche Treffen organisiert werden.

5.1.5. IMO - Patenschafts-Partnertreffen

Mitglieder der Internationalen Mennonitischen Organisation (IMO) trafen sich mit Vertretern des IMO-Patenschaftsprogrammes zu einer Arbeitsgemeinschaft. So konnte man sich gegenseitig kennen lernen, Erfahrungen austauschen und die Zusammenarbeit verbessern.

Auf der Konferenz trafen sich dann mehr als 20 Leute aus verschiedenen Sprachen, und auch hier wurde mit Übersetzung gearbeitet. Diese Begegnung machte deutlich, wie unterschiedlich und vielfältig die Aufgaben sind, aber dass es um ein gemeinsames Ziel geht: Kindern eine Chance für ihre Zukunft zu bieten. Das Treffen trug somit zum gegenseitigen Verstehen bei, so dass die Zusammenarbeit sich verbessern, kann.

Drei Fragen standen im Mittelpunkt der gemeinsamen Arbeit und der Gespräche:
1. Welche Erfahrungen haben wir mit dem Patenschaftsprogramm gemacht?
2. Welche Erwartungen haben wir an das Patenschaftsprogramm? 3. Wie können wir unsere Zusammenarbeit verbessern? Der Austausch von Erfahrungen und Schwierigkeiten stärkte die Gewissheit, dass man gemeinsam an diesem Programm weiter arbeiten wolle.

Wie auch in anderen Arbeitsgruppen wurde hier geäußert: Es war das erste Treffen, es sollte aber nicht das letzte dieser Art sein.

Nach der Konferenz fuhr man in Paraguay zu verschiedenen Projekten (COVESAP in Friesland, COVEPA in Volendam und ASCIM im Chaco), um sich über die Arbeit mit Bedürftigen vor Ort zu informieren. Beteiligt waren auch Vertreter aus dem Kongo, um von den Hilfsprojekten zu lernen und gemeinsame Überlegungen anzustellen, wie ähnliche Projekte an anderen Orten gestartet werden können.

5.1.6. Lehrertreffen

Am Donnerstag, dem 16. Juli, trafen sich von 14:00 bis 17:40 Uhr etwa 100 Lehrer zu einem Informationsaustausch. Es wurden neun verschiedene

Schulmodelle aus unterschiedlichen Ländern und Kontinenten vorgestellt.
Auch wenn die Vertreter sehr weit voneinander getrennt leben, so wurde in den Vorstellungen immer wieder eine bestimmte Gemeinsamkeit betont: Das Fundament der Erziehung in den mennonitischen Schulen weltweit basiert auf den Prinzipien der Bibel. Aber es gibt auch in anderen Kontinenten dieselben Schwierigkeiten und Herausforderungen, mit denen in Schulen gekämpft wird: Disziplin und Motivation zum Lernen. Aus Kongo in Afrika betonte man sehr, dass sie sehr dankbar seien, weil die Missionare ihnen behilflich waren beim Aufbau von Schulen.
Dieses Treffen hat über die Inhalte hinweg dazu beigetragen, dass mennonitische Lehrer weltweit eine Verbundenheit verspüren konnten.

5.1.7. Reiche und Arme in der Glaubensfamilie

Barbara Kärcher und Miriam Krauß leiteten eine Arbeitsgemeinschaft zum Thema „Reiche und Arme in der Glaubensfamilie" an. Es wurde hervorgehoben, dass es das Ziel des Workshops sei, sich darüber auszutauschen, wie Mennoniten weltweit auch weiter eine Glaubensfamilie bilden können obwohl die finanziellen Mittel unter den Familienmitgliedern sehr ungleich verteilt worden sind. Man diskutierte die Macht und den Einfluss, den Geld und Reichtum auf Menschen - auch Gläubige - ausüben kann. *„Vielleicht ist die wichtigste Frage, die unsere Einstellung zu Geld widerspiegelt, nicht die Frage wie viel Geld wir anderen geben, sondern wie viel wir für uns behalten"*, kommentierte ein Teilnehmer.

6. Das globale Dorf

Ein Unterkomitee bereitete das Weltgemeinschaftsdorf vor (GCVC - Global Church Village Commitee), um Gegenstände aus aller Welt vorzustellen, wodurch die Vielfalt der Kulturen der Mennoniten weltweit zum Vorschein kommen sollten. Auf dem Hof des Centro Familiar de Adoración wurden große Zelte aufgestellt, um die Unterschiede in der Mennonitenwelt zu präsentieren. Je ein Zelt für jeden Erdteil war aufgebaut worden, eines für Paraguay und ein weiteres „weltweites" für die Präsentation von Projekten der MWK. Ausgestellt wurden Fotocollagen, Essen, Werkzeuge, Kleider, Kunstwerke und vieles mehr. Außerdem standen zwei Bühnen zur Verfügung, auf denen Gruppen oder Einzelpersonen die Möglichkeit erhielten, ihre Gaben in Musik und Liedern, Sketchen, Tänzen, usw. für Interessierte zur Schau zu stellen. Eine große Bühne befand sich in der Kapelle im CFA; dort hatten bis zu 1.000 Leute Platz. Hier wurden aus Respekt vor dem CFA nur religiöse

Darbietungen gegeben.

Für weitere Vorführungen im Bereich der Volksmusik, der kulturellen und „säkularen" Musik war eine Bühne auf dem Hof, inmitten der Kontinentalzelte aufgebaut worden. Dort konnten einzelne Leute und auch Gruppen Termine vereinbaren und ihr Können zum Besten geben.

Man konnte das Weltgemeinschaftsdorf durch ein typisch paraguayisches Holztor betreten und bekam zuerst einen Panoramablick auf die Zelte. Auf dem Hof waren Gegenstände aus der Ansiedlungszeit der Mennoniten in Paraguay aufgebaut worden: Ein „Mennowagen", Ackerbaugeräte und Fassaden von Pionierwohnungen. Danach konnte man dann die Zelte betreten und eine Reise durch die Kolonien, Länder und Kontinente machen, die etwas ausgestellt hatten und somit einen Einblick in die Vielfalt der weltweiten Mennonitenfamilie ermöglichten. Ein Ort vielfältiger und ständiger Begegnungen zwischen Glaubensgeschwistern unterschiedlicher Kontinente, Kulturen, Sprachen und Alter.

Im Paraguayzelt hatten vor allem die Vertreter der deutsch-mennonitischen Kolonien eine vielseitige Präsentation vorbereitet. Es waren Fotos aus den Pionierjahren und auch aktuelle vom Leben in den Siedlungen ausgestellt. Bilder, Bücher und auch Gegenstände aus der Schule, dem Krankenhaus, der Kooperative (Käse, Yoghurt), vom Landbau (Erdnüsse, Obst), und manche andere, sowie Handarbeiten lenkten das Interesse vieler Besucher auf sich, und stundenlang konnte man täglich beobachten, wie Leute aus der ganzen Welt die Stände besuchten und mit den zuständigen Vertretern viele Gespräche führten. Diese Gespräche hatten vielmals die Geschichte der Mennoniten in Paraguay zum Mittelpunkt, da vor allem Leute aus anderen Kontinenten wissen wollten, wie es dazu kam, dass so viele weiße und deutschsprachige Mennoniten hier. Im Korridor zum Weltgemeinschaftsdorf und neben dem Essaal wurde eine Ausstellung organisiert, in der Organisationen und Institutionen ihre Broschüren, Bücher, CDs, usw. ausstellen. Aus Respekt vor dem CFA durfte im Gebäude kein Verkauf stattfinden, Ausnahme bildet die erste Park-Etage, in der es eine Buchausstellung gab, die vom Verein für Geschichte und Kultur der Mennoniten in Paraguay vorbereitet und geführt wurde.

In der ersten Park-Etage befand sich eine Wechselstube, eine Handarbeitsausstellung, wie auch einen Kopierer und Internet- und Computerservice.

Gegenüber vom CFA war ein Freizeitgelände und ein angrenzender Platz für Spaziergänge, Gespräche, Spiele, u.s.w. aufgebaut worden, wo Freiwillige bei der Organisation von Aktivitäten halfen.

> **Formulario de la Aldea de la Iglesia Mundial**
> **Congreso Mundial Menonita**
>
> **Formulario exclusivo para Feria Artesanal y Feria de Libros**
>
> Abajo se detallan los aspectos a considerar para la apropiada organización de la feria artesanal durante la Asamblea Reunida en el CFA. Le solicitamos encarecidamente nos proporcione las informaciones requeridas y la devolución de este formulario al correo electrónico "gieselaletkemann59@yahoo.de" gieselaletkemann59@yahoo.de o bien al:
> **Congreso Mundial Menonita**
> **Casilla de Correo 166**
> **Asunción, Paraguay**
> **Tel./Fax (021) 602 335**
>
> Apellido/s: _____
> Nombre/s: _____ Edad: ____ [ ] Mas. [ ] Fem.
> Su número de inscripción para la asamblea (proporcionado a través de la carta de confirmación enviada por la oficina del CMM): _____
> Dirección: _____
> Tel.: (____) _____ Email: _____
> Me comunico muy bien en los siguientes idiomas: _____
>
> Me comunico moderadamente bien en los siguientes idiomas:
> Pertenezco (pertenecemos) a la congregación: _____
> <u>Observación</u>: Se tendrá un área especial (2 x 2.50) para exhibición de artículos de artesanía, o bien CDs, DVDs y literatura cristiana para la venta, siempre que éstos tengan un propósito misionero o sean de ayuda social. Se solicitará US$50 por stand para los expositores de Norteamérica y Europa, y $30 para los de África, Asia, América del Sur y el Caribe.
> El personal del CMM se pondrá en contacto con usted referente a los detalles adicionales. Cada expositor será responsable por la venta en su stand.
> Yo (nosotros) solicito (solicitamos) un stand con el siguiente propósito_____
> <u>Atención</u>: Todas las personas que atiendan el stand deberán estar inscriptas para la A15.

Formular Anmeldung Artesanía

7. Ausstellungen und Beschäftigungen

7.1. Expo-Mission

Über die Jahrzehnte hat die Mission einen großen Einfluss auf die Weltkonferenz und ihre Entwicklung ausgeübt.
Schon vor dem 2. Weltkrieg entstanden in Asien und Afrika Missionsgemeinden, vor allem der Brüder-in-Christo. Es sind Gemeinden als Folge der Missionsarbeit europäischer und nordamerikanischer Gemeinden, und es entstanden neue Konferenzen, so dass die weltweite
Mennonitenfamilie zu einer bunten Familie herangewachsen ist. Und es ist auch ein Ziel dieser Weltkonferenz gewesen, dass sich Missionare, Gemeindearbeiter und Missionsgemeinden gegenseitig näherkommen, sich austauschen und neue Wege der Missionierung entwickeln bzw. voneinander lernen. Auch hier kann man sagen: Die Mennoniten brauchen weltweit untereinander, um gemeinsam auf dem Weg Christi zu gehen, um

gemeinsam einen weltweiten Missionsblick zu bekommen, um sich selber im Licht der Missionsarbeit zu erkennen und die Bedeutung der Versöhnung in Christus für die ganze Menschheit zu verstehen.

Also ist auch in der Mission der Ausdruck „Einheit in der Vielfalt" angebracht. Verschiedene Gaben, Medien und Mittel dürfen in der Mission ihre Anwendung finden.

Auch die „Expo-Mission" auf der 15. Weltkonferenz in Asunción bot einen Einblick in die Vielfalt der missionarischen Tätigkeiten im Rahmen der mennonitischen Konferenzen und Gemeinden.

Nachbarschaftsprojekt wie ASCIM, Alto Refugio, ASEC, COVESAP u.s.w. und „Programa Visión" wurden präsentiert wurden. Die Arbeit dieser Projekte stellte man in Form von Bannern vor, man legte Faltblätter aus, zeigte Kurzfilme zu den Arbeiten und berichtete von Arbeiten, wenn Besucher fragten. Manche Aussteller zeigten dann auch noch Produkte vom Feld, die durch die Missionsarbeiten entstanden waren: Obst und Gemüse, Sesam, Bohnen, Mais u.a. wurden von den Besuchern sehr bewundert.

7.2. Sozialdienste

Die Thematik von Paraguay 2009 und dem Weltjugendgipfel beschäftigt sich mit Dienen. Deshalb fragte man sich: Warum also nicht generationenübergreifende Sozial-Praktische-Einsätze am Nachmittag anbieten? Alle Altergruppen waren willkommen. In jedem Projekt gab es nur eine begrenzte Anzahl von Plätzen (etwa 10 - 12). Dienstfreudige durften sich melden und mitmachen.

Der medizinische Notdienst befand sich in der ersten Park-Etage im CFA. Eine Krankenschwester war tagsüber im Dienst und war nachts abrufbereit. Auch Ärzte hatten Bereitschaftsdienst. Ein Ambulanzwagen stand bereit, sowieMedikamente, um Notfälle zu behandeln. An diesem Stand wurden insbesondere Grippeerkrankungen behandelt.

7.3. Büchertisch

Vom Verein für Geschichte und Kultur der Mennoniten in Paraguay wurde, in Zusammenarbeit mit der Librería Fernheim, ein Büchertisch mit mennonitischer Literatur organisiert.

Aus der anfänglich wohl bescheiden gedachten Bücherausstellung auf der

MWK endstand zuletzt noch ein großer Bücherstand, an dem nahe an 120 verschiedene Buchtitel und einige DVD´s aus mennonitischen Kreisen

Paraguays, hauptsächlich von Autoren aus den Mennonitenkolonien, ausgestellt und zum Kauf angeboten wurden. Außerdem wurden noch etliche Bücher aus anderen mennonitischen Kreisen hinzugefügt, so dass am Ende anstatt ein Tisch drei Tische vollgelegt mit Büchern ausgestellt waren. Immer wieder erlebten wir, dass Leute vorbeikamen und entdeckten, dass Bücher ausgestellt wurden, und fragten dann: „Ich habe noch ein Buch mitgebracht, es ist ganz neu aus der Druckerei gekommen. Darf ich es hier auch noch hinzufügen?" Na ja, eigentlich war es das Ziel, Bücher aus Paraguay zu zeigen, wir waren ja nicht für die ganze Welt zuständig, aber am Ende standen auf den Tischen Bücher, DVD`s und CD`s aus Paraguay, Bolivien, Kanada, Deutschland, Schweiz, Indonesien, USA... So konnten wir sagen: „Es wurden fast täglich neue Bücher zu den schon Ausgestellten hinzugetan..."

Sehr viele Besucher haben den Bücherstand einmal oder mehrere Male besucht, viele Bücher in die Hände genommen, sie angesehen, durchgeblättert, Fragen zum Inhalt oder auch zu den Mennoniten in Paraguay gestellt, sie zurückgestellt oder auch gekauft.

So manches sehr fruchtbare Gespräch ist mit Interessenten durch eines oder mehrere der Bücher entstanden, so dass wir einen Beitrag auf diese Weise zur Aufklärung der Mennonitengeschichte in Paraguay beitragen konnten.

Mitglieder vom Verein für Geschichte und Kultur der Mennoniten, sowie freiwillige Jugendliche und auch ältere Leute haben mit Interesse und Begeisterung am Büchertisch mitgeholfen.

Besonders während der Mittagszeit und gegen Abend, sowie Abends nach dem offiziellen Programm kamen viele Leute gleichzeitig um zu fragen, zu suchen und zu finden. Durch die Mithilfe der vielen Freiwilligen konnten viele Kontakte geknüpft, Informationen weitergegeben und Material verkauft werden. Es war eine lehrreiche und bereichernde Zeit, in der manche Kontakte geknüpft wurden, die noch nach der Konferenz weiter gepflegt werden.

8. Freiwillige Helfer

Ungefähr 300 Freiwillige dienten fast ununterbrochen bei der Vollversammlung, davon etwa 92 „Friedensdiener" verschiedener mennonitischer Schulen aus ganz Paraguay, die sich in mehreren Treffen auf ihren Dienst vorbereitet hatten. Dazu kamen noch rund 150 nationale und 40 internationale Freiwillige, die sich dafür einsetzten, dass die Konferenz möglichst problemlos ablaufen konnte.

8.1. Die Servidores de Paz (Friedensdiener)

Eine wichtige Aufgabe erfüllten die „Servidores de Paz" auf der Weltkonferenz. Es waren Schüler aus mennonitischen Sekundarschulen Paraguays. Überall sah man sie in ihrer gelben Uniform stehen, laufen, Informationen geben, Platz anweisen und vieles mehr. Sie waren einfach da, wenn Hilfe nögit war, und haben somit die Durchfürhung oder auch die Teilnahme an der Konferenz für viele leichter gemacht. Die Friedensdiener waren morgens die ersten, die im CFA erschienen, und abends die letzten, die den Konferenzort verließen.

Einen kurzen Einblick in die Arbeit der Friedensdiener bringt uns der Bericht von Bettina Goertzen, Südmenno, die auch dabei war: *„Dieses war eine Arbeitsgruppe, die aus jugendlichen Schülern, die aus den Bachilleratoklassen der mennonitischen Schulen in Menno, Fernheim, Neuland, Volendam, Friesland und Asunción kamen, bestand. Etwa 91 Freiwillige stellten diese Gruppe zusammen. Ihre Arbeit begann schon am Samstag, den 11. Juli, zusammen mit den anderen Freiwilligen. Sie alle zusammen durften die Räume auf die große Besucherzahl vorbereiten.*

Das bedeutete, dass genügend Stühle vorhanden sein mussten, die Einschreibungen vorbereitet waren, der Esssaal fertig gemacht werden musste und noch viele Dinge mehr.

Am Dienstag, als dann die Weltkonferenz offiziell begann, übernahm jede Arbeitsgruppe den Dienst auf der jeweiligen Stellen. Die anfallenden Arbeiten für die Friedensdiener bestanden in der Durchführung der Einschreibungen, in der Organisation und Wegweisung für die Transporte der Teilnehmer, Austeilung der Kopfhörer für die Übersetzung und die Hilfe bei den verschiedensten Fragen der Teilnehmer. Diese Freiwilligen trugen einen großen Teil zum Gelingen der A15 bei, da sie von früh bis spät danach bestrebt waren, zu helfen wo Hilfe fehlte. Dank der guten Kooperation der Besucher kamen die Freiwilligen sehr gut mit ihren Aufgaben voran.

Sehr bereichernd waren die guten Erfahrungen, die man immer wieder machte. Viele Freundschaften konnten geschlossen werden, da die Gruppe dieser Freiwilligen über eine Woche lang zusammen arbeitete und auch auf einemGelände übernachtete. Die Offenheit und Freundlichkeit bei all den Teilnehmern hat dazu beigetragen, dass das Erlebte als gute und segensreiche Zeit in Erinnerung bleibt.

Im Informationsblatt der Kolonie Volendam vom August 2009, Seite 13, schreibt Tobias Redekop von seiner Teilnahme an der Weltkonferenz: *„Wie kam es dazu? Von Herrn Ernst Weichselberger kam eine Anfrage, ob wir als Schule auch einen Beitrag zu der Weltkonferenz leisten könnten. Deshalb wurden elf Schüler und eine Lehrerin für diese Arbeit gesucht.*

Wir fuhren Freitag um 11:00 Uhr bei der Zentralschule los. Die Reise verlief gut und wir kamen um 18:00 Uhr in der Quinta Ykua Sati an.
Am Samstag (11. Juli) nach dem Frühstück fuhren wir in drei Bussen zum CFA. Dort bekamen wir unsere Identifikation und wurden in Gruppen eingeteilt. Alle Freiwilligen halfen erst einmal, Stühle putzen und tragen. Diese mussten in der Kirche aufgestellt werden. Es handelte sich dabei um 5.000 Stühle. Der erste Tag war lang und hart.
Sonntag standen wir wieder früh auf und fuhren zum CFA, wo wir weitere Stühle aufstellten. Montag gab es immer noch dieselbe Arbeit; hinzu kam noch das Tische aufstellen und anderes mehr.
Dienstag fingen dann die Vorträge an. Alle „Voluntarios" mussten in ihrem Bereich kräftig anfassen: Busse zu den richtigen Parkplätzen führen, Besucher zu den Bussen begleiten, die Namensschilder der Gäste kontrollieren, Kopfhörer verteilen (damit konnte man verschiedene Übersetzungen hören), die Leute wieder zu den richtigen Hotels bringen, u.v.m...
Wir haben Menschen aus verschiedenen Kulturen gesehen. Ich denke, dass es eine sehr gute Erfahrung war, mitzuarbeiten."

Die Mitarbeit vieler Jugendlicher war auch eine Bereicherung für sie, wie viele nachher bezeugt haben, da sie viele unterschiedliche Kulturen kennenlernen durften, Kontakte mit Gleichaltrigen aus anderen Orten knüpfen und sogar Freundschaften schließen konnten, die über die Konferenz hinaus bestehen bleiben.

Für viele der Freiwilligen war es eine Zeit der Erfahrungen, die unvergesslich bleiben werden.

8.2. Essen - Die Speisung der 6000

Eine große Herausforderung war es für die Organisatoren der A15, für die nahe an 6.000 Beteiligten jeden Tag das Essen vorzubereiten und zu servieren. Denn den Teilnehmern wurde das Mittag- und Abendessen in der ersten Park-Ebene des CFA direkt unter dem Erdgeschoss serviert. Auch hier benötigte man wieder das Namensschild, um sich anstellen zu können. Helfer standen am Anfang jederReihe, um Personen mit Alergien behilflich zu sein.

Die Hauptverantwortung für diesen Bereich hatten Adelheid und Edwin Thiessen, die ursprünglich aus der Kolonie Menno kommen, nun aber schon 25 Jahre in Asuncion leben. Ihre Aufgabe bestand darin, 10 Mahlzeiten für rund 5.800 Personen zeitgerecht vorzubereiten. Keine einfache Arbeit, wenn man bedenkt, dass man am liebsten haben möchte, dass es allen gut schmeckt und dass das Essen abwechslungsreich und gesund sein soll.

Zuerst dachten sie an die großen Guss-Töpfe, die ihre Vorfahren im Chaco

gebraucht hatten. Es würde wohl einen ganz großen, mit Gas angeheizten Kochtopf brauchen, um das Essen für so viele Menschen vorzubereiten.
Aber wie? Thiessen's kamen mit ihrer Sorge bezüglich so eines Kochtopfs zu ihrer Gemeinde. Nachdem sie sich mitgeteilt hatten, kam nach dem Gottesdienst ein Mann aus der Versammlung mit einer neuen Idee auf sie zu, einen einer länglichen Wanne ähnlichen Topf zu machen, und ihn in 4 Kammern einzuteilen: 2 halbmondförmige auf jedem Ende und in der Mitte zwei rechteckige Kammern. Reis und Nudeln könnten auf diese Weise jeweils auf dem Ende und Fleischsoße in der Mitte gekocht werden. Gesagt, getan. Der große Topf wurde auf dem Gelände des Centro Familiar de Adoracion (wo die MWK stattfand) aufgebaut. Zusätzlich zu dem Essen, das in diesem „Topf" zubereitet wurde, mussten jeweils etwa 2.000 kg Fleisch gegrillt werden, welches dann in einer lokalen Bäckerei getan wurde, die ihren Raum ohne Entgelt zur Verfügung stellte.
Edwin und Adelheit Thiessen berichten von ihrer Arbeit: *„Es ist schon über ein Jahr her, seit Herr Ernst Weichselberger uns fragte, ob wir uns das Kochen - die Vorbereitung des Essens - auf der Weltkonferenz übernehmen könnten.*
Zuerst haben wir es abgesagt, wir wollten gerne helfen, aber nicht die ganze Verantwortung dafür übernehmen.
Durch verschiedene Umstände kam es dann so, dass wir doch die Verantwortung übernahmen.
In unserem Land Paraguay hatte keiner die Erfahrung, ohne die richtige Infrastruktur für so viele Menschen zu kochen. Wir mussten alles besorgen, seien es die Töpfe zum Kochen oder auch der Ofen zum Backen.
Nach vielem Hin und Her, Suchen und Versuchen haben wir so wie wir glauben eine richtige Entscheidung und / oder die richtigste Idee angewandt.
Zuerst gedachten wir, 30 Töpfe mit Holz anzuheizen, um das Essen vorzubereiten. Dann blieben später aber ein großer und drei kleinere Töpfe, geheizt an Gas. Das hört sich leicht an, doch es war nicht so eine einfache Sache. Wir haben viel gebetet und viel geplant, viele Sitzungen abgehalten.
Im Komitee haben wir immer wieder überlegt, was oder wie es besser funktionieren könnte. Wir empfanden es als Führung Gottes, dass wir den großen Kochtopf bekamen, und so auch das Angebot, den für dieses Ereignis speziell vorzubereiten. Auch den Gebrauch eines Ofens, den wir von einer Bäckerei zur Verfügung gestellt bekamen. Gott hat uns wunderbar geführt in der Zeit der Vorbereitung, denn immer wieder haben wir es erlebt, wie Gott uns durch schwierige Situationen durchgeholfen hat.
Während der Weltkonferenz konnten wir alles plangemäß durchführen. Wir glauben und wissen, dass es gelungen ist. Sei es im Kochen, im Backen

oder auch im Bedienen der tausenden von Leuten beim Essen. Da wir die Zahl der Teilnehmer nur im Globalen hatten, aber nie genau wussten, wieviele da tatsächlich essen würden, ist uns oft Essen übriggeblieben. Einerseits war es schade, dass oft so viel übrig blieb, andererseits haben es bedürftige Institutionen genossen, denen wir das Restessen zukommen ließen.

Unser Hauptkomitee bestand aus fünf Personen. Außerdem sind wir Gott dankbar für die vielen Freiwilligen, die uns halfen, sei es im Kochen, Bedienen, Gemüse schneiden, den Abwasch, das Aufräumen und viele andere Kleinigkeiten. Nochmals Dank an alle freiwilligen Hände!

Danke auch für die gute Zusammenarbeit mit der Weltkonferenz.

Empfehlung zum Schluss: Das Kochen und Bedienen ist uns gelungen. Was wir vorschlagen ist, wenn es irgendwie möglich wäre, dass man die Zahl der Teilnehmer für jede Mahlzeit genauer haben könnte, um nicht so viel Essen übrig zu halten.

Wir sind durch diesen Dienst bereichert und gesegnet worden."

Thiessen's suchten sich Mitarbeiter, die bei den Vorbereitungen, Einkäufen und beim Essen machen behilflich waren, genauso wie nachher beim Aufräumen. Das Hauptkomitee bestand aus drei Ehepaaren, andere Verantwortliche übernahmen die Aufsicht beim Abwasch und in der Küche; es waren 30 Freiwillige. Beim Bedienen halfen 80 Freiwillige mit, 10 halfen beim Zerkleinern des Gemüses. „Der Herr hat die Töpfe vorbereitet und sie gelenkt", schrieb ein Beteiligter an der Aktion „Essen" nach der Konferenz.

Mit Hilfe der vielen Freiwilligen, die bei der Vorbereitung des Essens behilflich waren, war es möglich, dass alle Teilnehmer der Konferenz innerhalb einer Stunde ihr Essen bekamen. Sitzgelegenheit zum Essen gab es nur für etwa

2.000 Personen. Deshalb wurden die Konferenzteilnehmer ermuntert, sich hinzusetzen und in höchstens 20 Minuten zu essen. Das „Spazieren" sollte so weit wie möglich nach dem Essen getan werden, sodass sich andere beisetzen und essen könnten.

Die Vorbereitung einer Mahlzeit für 6 000 Personen als Beispiel:

Vorbereitung: Hähnchen Soße mit Nudeln.

Zutaten: 600 kg Hähnchen, 120 kg Zwiebel, 380 l Wasser, 100 l Sahne, 9 kg Gewürzsalz, 600 kg Nudeln, 25 l Öl, 120 Kg Tomatensoße, 30 l Sojagewürz, 9 kg Feinsalz, 18 kg Maismehl, 6.000 Mandarinen, 6.000 Brötchen, 6.000 Flaschen Wasser und 50 kg Mais.

Einen Imbiss gab es zwischen dem ersten und zweiten Workshop am Nachmittag von 15:15 – 15:45 Uhr ebenfalls in der ersten Park-Etage, in der die Mahlzeiten eingenommen wurden.

8.3. Kinder und Teenager auf der Weltkonferenz

Auch Kinder durften an der Konferenz teilnehmen. Natürlich gab es für sie besondere Möglichkeiten, sich zu betätigen. So wurden sie von morgens bei Beginn der Vollversammlung bis Ende der Abendveranstaltungen betreut. Sie wurden registriert und an einem besonders vorbereiteten Ort beschäftigt. Es

wurde unterschieden zwischen der Kleinkinderbetreuung (Kinder bis zu 3 Jahren), eine Gruppe im Vorschulalter (4 - 6 Jahre), eine Gruppe von 7 - 9 Jahre und eine von 10 bis zu 12 Jahren. Die Kleinen kamen in ein Zimmer, in dem sie von entsprechenden Betreuerinnen empfangen und beschäftigt wurden. Mit den Kindern wurde gespielt, gebastelt und Filme geschaut, und es gab manche weitere Überraschung, so dass sie ständig beschäftigt wurden. Außerdem war es für diese Kinder eine gute Erfahrung, Kinder und Erwachsene aus anderen Ländern und Kontinenten kennen zu lernen.
Wenn ein Elternteil während der Vollversammlungen zu seinem Kind gerufen wurde, dann zeigte man auf einem Schild die Registrierungsnummer der Person,
so dass die Verantwortlichen gleich wissen konnten, dass sie sich beim Informationstisch einfinden sollten.
Die größeren Kinder - Teenies - trafen sich in einer Sportanlage gleich neben dem CFA zu Spielen und zur Anbetung, wobei viele neue Freundschaften zwischen den jungen Teilnehmern entstanden. Das Programm begann um 9:30 Uhr mit einer Morgenandacht in Spanisch und Englisch, der eine Singzeit folgte. Ein Vortrag zu Fragen des alltäglichen Lebens wurde gebracht, zum Beispiel wie man Gott dienen kann. Und an einem Tag fuhr man in Gruppen zu einem Kinderheim, um dort eine Wand zu säubern und zu färben, zu einem Altenheim, um den Hof zu reinigen und Blumen zu pflanzen, sowie Gebäude zu putzen.
Teenies konnten auf diese Weise lernen, dass Gott keine Unterschiede macht in Bezug auf Hautfarbe, Kleidung oder auch Kultur der Menschen.
Für Jugendliche wurden von Mittwoch bis Samstag jeweils von 9:30 bis 17:00 Uhr verschiedene Programmpunkte angeboten: Anbetung, Tanzen (Choreografien), Spiele, Freizeitgestaltung, Sozial-Praktische-Einsätze und vieles mehr. Die Teilnahme an allen Programmpunkten war freiwillig und die Jugendlichen konnten jederzeit zu anderen Aktivitäten wechseln. Die Jugendlichen waren ja auch eingeladen, an den großen Gottesdiensten am Abend teilzunehmen.

9. Die verstreute Konferenz

Vom Mittwoch, den 15. bis zum Samstag, den 18. Juli fanden an den Nachmittagen Rundfahrten in und um Asunción statt. Angeboten wurden Fahrten zum Hospital Menonita Km 81, Rundfahrten durch Asunción zum Markt, zu Kunststätten in Asunción und auch zu mennonitischen Einrichtungen wie die Bibelseminare CEMTA und IBA, Radio OBEDIRA und auch zu den Einrichtungen des Christlichen Dienstes.

Für dienstfreudige Teilnehmer hatte man verschiedene freiwillige Einsatzmöglichkeiten vorbereitet. Ziel war es, durch einen Dienst ein öffentliches Zeugnis vom Glauben an Christus abzulegen und besonders Hilfsbedürftigen Beistand zu leisten.

Mitarbeiter des „MTS Travel Service" und „Canada Viajes" (Reisekoordination des MWK) hatten einen Stand in der Eingangshalle des CFA, um international Reisende zu unterstützen. Hier bekam man auch Informationen zu den Ausflügen, die diese Reisbüros organisierten, und die von Mittwoch bis Samstag angeboten wurden, um kulturelle und historische Orte sowie kirchliche Projekte in und um Asunción kennenzulernen.

9.1. Die Betreuung der Besucher

Im Juli waren viele ausländische Besucher in Paraguay unterwegs, vor allem zu den deutschsprachigen Mennonitenkolonien, den Indianersiedlungen und zu einigen Einrichtungen, die von diesen aufgebaut wurden und bis heute geführt werden. Es waren größtenteils Besucher, die zur Weltkonferenz in Asunción anreisten und die Gelegenheit beim Schopfe packten um noch mehr von Paraguay und „seinen" Mennoniten zu sehen und kennen zu lernen. Auffallend war, dass viele der Besucher ältere Leute waren, die schon einmal von den Kolonien gehört hatten.

Beeindruckt hat die Besucher im Chaco die mühevolle und geduldige Arbeit mit den Indianern, sowie die Arbeit in den Schulen mit denselben. Trotzdem hatte jede Gruppe noch seine besondere Eigenart. Gati Harder schreibt im Infoblatt der Kolonie Fernheim vom August 2009, Seite 18: *„Die plattdeutschen Mennoniten aus Mexiko waren gekommen, um von unserem Know How zu lernen. Ihre Frauen interessierten sich fürs Shoppen.*

Die Afrikaner-Mennoniten aus dem Kongo waren hell begeistert von unserer Kooperative und Asociación. Wie wir uns selbst zu helfen gewusst hatten, war für sie interessant. Sie informierten sich auch über unsere Nachbarschaftshilfe.

Die indigenen Mennoniten aus Nordamerika achteten darauf, wie wir das Wort „Mennonit" einsetzten. Sie wollten auch wissen, ob wir, als wir das Land hier kauften, denn gar nicht gewusst hätten, dass hier schon Menschen lebten.

Die Nordamerikaner hatten Sachfragen zur Regelung des Alltags, zur Steuerpflicht im Land, zum Export, sie wollten unsere Zinssätze wissen und wie wir zur Landespolitik stehen. Einige Interessierte sich auch für unsere Einstellung gegenüber der Natur. In Bezug auf die Kirchen wollten sie wissen, wie wir mit Ehescheidung und Homosexualität umgehen. Aber vor allem wollten die Amerikaner wissen, was das MCC, MEDA und die PAX-Boys im Chaco geleistet haben.

Die europäischen Mennoniten interessierten sich neben dem Aufbau unserer Kooperative und Asociación auch für unser Zusammenleben mit den Indianern und überhaupt für Fragen der Integration in das Land Paraguay. Sie sprachen auch das Landrecht an."

Auch der intermennonitische Gottesdienst, der in Filadelfia unter der Beteiligung verschiedener Kulturen stattfand, war für Besucher vom Ausland von bleibender Wirkung, der auch als Wegweiser für andere interkulturelle Begegnungen unter Mennoniten dienen kann. Aber auch ein „Abbild" dessen, was auf der Weltkonferenz selber geschah, denn dort gab es viele interethnische Begegnungen, die unter dem Motto des gemeinsamen Weges mit Christus standen. Eine Herausforderung, die nie enden wird, solange es auf Erden Menschen gibt.

In Menno wurden offiziell 1.062 Besucher registriert. Wie viele Besucher sonst noch „unbemerkt" erschienen und die Kolonien bereisten, wurde nicht festgehalten. Die meisten Besucher waren sehr beeindruckt von dem, was Mennoniten bisher in Paraguay aufgebaut und geleistet haben, und wo wir manchmal Hindernisse sehen und meinen, die Entwicklung müsste einmal schneller von statten gehen, da sehen sie die großen Opfer der Anfangsjahre und Hindernisse, die überwunden werden mussten und noch müssen.

Beeindruckt hat viele Besucher die umfangreiche Arbeit mit und an den Nachbarn, sei es durch die ASCIM, oder auch durch andere Nachbarschaftsprojekte wie COVESAP oder COVEPA. Auch bei den Führern der Besucher im Chaco blieben Spuren zurück. Walter Ratzlaff aus Menno sagte:

„Die Besucher haben eine tiefe Spur bei mir hinterlassen. Sie hatten oft Fragen, die zum Nachdenken anregten, und ich habe erkannt, dass wir es hier im Chaco unendlich gut haben und dafür sollten wir mehr und öfter danken."

Hans Fast, Leiter von CONRETUR (Consejo Regional de Turismo - der Tourismusorganisation für den zentralen Chaco) übernahm die Verantwortung für die Verteilung und Betreuung der Besucher, die in die Mennonitenkolonien im Chaco kamen. Vor allem die Tage vor und nach der Konferenz wurden zu einer Zeit mit viel Aktion, da viele Gäste gleichzeitig

kamen, und sowohl die Reisen, als auch die Unterbringung und die Führung der Gruppen koordiniert werden mussten, so dass es kein Chaos bzw. eine Unordnung gab, in der keiner aus noch ein wusste. Er schaffte es, alle Besucher an die Orte zu bringen, wo sie
„hingehörten", damit sie den richtigen Bus, das richtige Hotel, das richtige Essen und den richtigen Besuch erhielten.

Herr Fast schrieb nach Abschluss der Arbeit: *„Wenn die allgemeine Zeitrechnung unter den Mennoniten in Paraguay in den letzten Monaten "VOR und NACH der Konferenz" war, so wurde sie im Tourismusbereich noch etwas erweitert.*

Die Hauptversammlungen fanden vom 14. bis 19. Juli in Asunción statt. VOR der Konferenz gab es einen Besucherstrom in den Chaco, und NACH der Konferenz ebenfalls. DANACH konnte man dann aufatmen.

Die Vorbereitungen für dieses besondere – und wohl einmalige – Ereignis begannen bereits im Juli 2007. Ich war gebeten worden, die Organisation aller Besuchergruppen in den zentralen Chaco zu übernehmen. Nachdem die Mitglieder des lokalen Tourismusrates mir ihre Mitarbeit zugesichert hatten, sagte ich zu.

Besonders die letzten Monate vor dem großen Event wurden hektisch.

Dann kam der 9. Juli, und damit auch die ersten Besuchergruppen. Ab diesem Datum bis zum 14. Juli kamen 12 Busse mit insgesamt 418 Personen in den Chaco, um die drei mennonitischen Kolonien und Yalve Sanga kennen zu lernen. Während die Hauptversammlungen in Asunción liefen, kam eine Gruppe von 44 Personen zu einem Blitzbesuch.

Ab dem 19. Juli ging es dann wieder richtig los. Das war NACH der Konferenz. An diesem Sonntag kamen gleich 8 Busse in den Chaco.

Besonders stressig wurde der 21. Juli, ein Tag, an dem sich 13 Busse zwischen den drei Kolonien und Yalve Sanga hin und her bewegten.

Insgesamt waren es NACH der Konferenz 14 Busse mit 437 Personen.

So haben in dieser kurzen Zeit 899 registrierte Besucher den Chaco kennen gelernt.

Die Gäste waren ausnahmslos sehr beeindruckt von allem, was man zeigte und erklärte. Besonders der 21. Juli – Dienstag – wird allen Besuchern in Erinnerung bleiben. Der ungewohnt heftige Nordwind mit seinen aufgewirbelten Staubwolken machte unmissverständlich klar, dass ein Leben und Überleben im Chaco nicht so "ohne" ist.

Aber – so haben wir den Chaco lieben gelernt. Es gehört einfach dazu - und wir wollen gar nicht aus ihm weg. Ausnahmen mögen auch hier die Regel bestätigen.

Mein Dank gilt besonders:

Gott für die Bewahrung während dieser Zeit. Es sind keine Unfälle oder schlimme Zwischenfälle verzeichnet worden.

Meinen engsten Mitarbeitern Walter Ratzlaff und Levi Hiebert aus Menno, Gati Harder aus Fernheim und Heinz Wiebe aus Neuland. Ohne ihren mutigen und selbstlosen Einsatz wäre ein reibungsloser Ablauf dieses Unternehmens nicht möglich gewesen.

Allen Menschen, die bereit waren, Gruppen zu begleiten oder als Fremdenführer zu fungieren. Etwa 35 Personen haben sich auf diese Weise eingebracht.

Den Kolonieverwaltungen, ASCIM, Licht den Indianern und MIM für die Offenheit und Bereitschaft, den Besuchern den besten Einblick in ihre Bereiche zu gewähren.

Den Hoteliers und Restaurantbesitzern für Unterkunft und gutes Essen. Liebe ging auch hier durch den Magen.

Den Gastfamilien, die über die Gemeinden bereit waren, Gäste in ihren Heimen aufzunehmen.

Jetzt haben wir die Zeit DANACH.

Der Chaco wird diese XV. Mennonitische Weltkonferenz nicht so schnell vergessen."

9.2. Fremdenführungen in Neuland

Herr Heinz Wiebe, Touristenführer aus der Kolonie Neuland im Chaco Paraguays, berichtete nach der Konferenz von seinen Erfahrungen mit Besuchern (Berichte aus Neuland informiert und diskutiert vom August 2009):

„Viele Gruppen kamen in der Woche vor und nach der 15. Mennonitischen

Weltkonferenz in den Chaco, um die Mennonitenkolonien zu besuchen. Um den Besucheransturm bewältigen zu können, wurde ein Arbeitsteam gebildet und durch Trainingsübungen vorbereitet. Bei den Fremdenführungen arbeiteten Jakob Warkentin, Heinz Braun, Irene Wiebe, Helene Penner, Arlene Unger, Anni Schröder, Marie van Rensburg, Carmen Hübert und Heinz Wiebe mit. In Neu- Chortitza besuchten wir Peter und Matilde Thiessen auf ihrem Bauernhof. Im Informationsbüro hielten Katharina Friesen und Miriam Wiebe die Stellung. Frau Renate Neidhardt diente als Dolmetscherin. Hiermit möchte ich allen bereitwilligen Mitarbeitern für ihren hingebungsvollen Dienst herzlich danken.

Neben den zahlreichen Gruppen, am Montag den 20. Juli kamen 5 Gruppen an einem Tag, war die englische Sprache ein Hindernis, dass wir mit

Übersetzungen bewältigten.
Als Ziele für unsere Besucherbetreuung hatten wir uns die besondere Geschichte der Neuländer, sowie Begegnungen mit Land und Leuten vorgenommen. Das kam gut an, zumal die MWK in Asunción stattfand, während die meisten Mennoniten in den weit verstreuten Kolonien leben."

Wiedersehen nach 39 Jahren

Eine bewegende Begegnung gab es unter den vielen, die sich während der Besuche im Chaco ereigneten. Heinz Wiebe schildert: *„Am Montag, den 13. Juli, kam eine Gruppe von 43 Besuchern zu uns, von der ich nur wusste, dass sie unter dem Namen „Anneliese Pauls / Husslage" reisten. Ihr Herkunftsland und Sprache waren mir unbekannt. Sie kamen aus Holland, und sprachen alle, neben holländisch, auch deutsch. Mit von der Partie waren auch Tinike Pomper und meine ehemalige Lehrerin Romtke Veenstra. Im Jahr 1970, also vor 39 Jahren, unterrichtete Fräulein Veenstra in unserer Zentralschule, wie ich aus meinem Zeugnis entnehmen konnte. Holländische Gemeinden und Hilfsvereine entsandten Lehrer für unsere Zentralschule und gaben an bedürftige Schüler Stipendien.– Die Brücke war gebaut, die Frequenz stimmte, wir konnten ans Werk gehen.*

Den Besuchern fielen die „Cañadulce-Camiones" auf dem Parkplatz neben dem Super auf. So kamen wir auf die große Dürre zu sprechen. Und da fiel mir die holländische Brunnenbohranlage ein. Die Hilfsorganisation „Besondere Nooden" hatte sich 1967 zum Ziel gesetzt, alles dran zu setzen, um für Neuland eine Brunnenbohranlage zu besorgen. Um das Geld zu beschaffen, wurden in der Freizeit von Freiwilligen Autos gewaschen und verschiedene Wohltätigkeitsveranstaltungen organisiert. Die Hilfsorganisation „Besondere Nooden" heißt heute „Wereld Werk" und ihr Präsident Bert Duhoux war auch hier in Neuland.

Es war mir eine Genugtuung, der Gruppe die Bohranlage von Holland zu zeigen, die im alten Erdnussspeicher abgestellt ist.

Der erste Brunnen wurde 1967 auf dem Industriehof, hinter dem alten Erdnussspeicher gebohrt. Die nächsten Bohrungen folgten auf dem Schulhof und beim Krankenhaus. Über 1.000 Brunnen wurden in Neuland gebohrt, einige auch in Süd-Menno, Fernheim, Teniente Montanía und Madrejón.

Gerhard Neufeld, der damals angelernt wurde Brunnen zu bohren, war bereit, zusammen mit Robert Friesen und einigen Indianern, darunter Juancito, die alte Bohrmaschine im Park aufzustellen und in Schwung zu bringen. Die Anlage arbeitet noch einwandfrei."

Die besondere Geschichte einer Glocke

Am Montag den 20. Juli besuchte eine Gruppe von nahe an 30 Personen die Kolonie Neuland. Dennis Peterschmitt war der Leiter der Gruppe, die aus Frankreich kam und etwa zur Hälfte deutsch und französisch sprach. *„Als ich ihnen die bewegende Geschichte von Neuland erzählte, sagte ein Teilnehmer, dass er etwas für die Mennoniten in Paraguay mitgebracht habe und es uns als Geschenk übergeben möchte. Es war eine große, wunderschöne Glocke, auf der die Jahreszahl 1947 steht. In einem Begleitschreiben berichtet Andreas Rediger:*
„Diese Glocke wurde von Andreas Rediger, für die Brüder und Schwestern im Herrn, die im Chaco Paraguay leben, geschenkt. Jedes Mal wenn sie erklingt, soll sie uns und den folgenden Generationen an das Leiden der verfolgten Christen in der Welt erinnern und uns ermahnen, für sie zu beten. Durch den lieblichen Klang der Glocke sind wir im Glauben gestärkt und sind dankbar für Freiheit – Frieden – Freude – Freundschaft.
Ich bin so glücklich, dass Gottes Heiliger Geist uns alle begleitet und wirkt und dass wir sein Reich verkünden, bis Jesus wiederkommt.
Mein Vater hat die mennonitischen Flüchtlinge 1947 mit Essen verpflegt, bis sie nach Süd-Amerika weiterfuhren.
Gott segne die Mennoniten und das Land Paraguay! Mögen wir in Frieden leben dürfen, bis der Herr wiederkommt... Andreas Rediger, geboren 1949 in Basel, Schweiz; Wohnsitz in Ferme „La Taillen", Frankreich.
Geschrieben in Asunción - Paraguay, auf der Weltkonferenz im Juli 2009."
Diese Glocke wurde in Neuland im Kulturbüro untergebracht.

9.3. Internationales Interesse an am Nachbarschafts-Kooperations-Modell

Im Zuge der Touristenwelle nach der Mennonitischen Weltkonferenz kam auch eine mennonitische Besuchergruppe aus Afrika, um die Kolonien und insbesondere die Nachbarschaftskooperationsprojekte kennenzulernen. Die Gruppe setzte sich zusammen aus sechs Pastoren, Konferenzleitern und Entwicklungsarbeitern aus dem Kongo und einem aus Burkina Faso. Begleitet, oder besser angeleitet wurde die Gruppe von dem Ehepaar Rainer und Conny
Wiebe aus Deutschland, dem Leiter und der Schriftführerin der IMO.
Heinrich Dyck berichtete in „Neuland informiert und diskutiert" über den Besuch der Gruppe aus Afrika im Chaco und Ostparaguay: *„Die IMO hat schon seit einiger Zeit Kontakte und Entwicklungsprojektansätze im Kongo und kennt auch unsere NKP in Paraguay, wie ASCIM, Christlicher Dienst und COVESAP, in denen sie schon seit Jahren mitarbeitet und finanziell unterstützt. Ziel dieser Reise war, die afrikanischen Mennoniten mit uns und unseren NKP*

bekannt zu machen, um zu sehen, ob nicht gewisse Synchronien geschaffen und Impulse für ähnliche Entwicklungsprojekte im Lebensraum der Mennonitengemeinden in Afrika gegeben werden könnten. - Am Freitagabend, während der MWK-Woche, hatten Wiebes im Mennonitenheim in Asunción ein IMO-Partnertreffen organisiert - 75 Teilnehmer aus aller Herren Länder - vor denen unter anderen Beiträgen ich auf ihre Bitte unser Entwicklungsprojektmodell vorstellte, und das mit besonderer Betonung auf die Grundprinzipien für ein erfolgreiches Projektmodell, wie: Globale, integrale Ausrichtung (nicht nur Wirtschaft), Notwendigkeit einer Mentalitäts- und Denkstrukturveränderung in unseren Projektgruppen (weg von der ''Armenmentalität''), besonderes Gewicht auf Befähigung und Ausbildung, Hilfe zur Gemeinschaftsorganisation, Förderung der Eigeninitiative, weg vom Schenkungsmodell (weil dadurch nur Bettlerschaft und nicht Eigenverantwortung anerzogen wird), langfristiger Projektansatz, gezielte und mit Produktionsberatung verbundene Kreditvergabe, Mit Einbeziehen der Frauen in die ganze Projektarbeit, usw.

Mit dieser Hintergrundinformation (einige unserer afrikanischen Freunde waren auf dem IMO-Partnertreffen auch dabei) begaben wir uns gleich nach MWK-Abschluss auf die Reise. Besucht wurden die Kolonien Friesland und Volendam mit ihren NK-Projekten COVESAP und COVEPA, CODIPSA (Stärkefabrik in der Nähe der Kolonie Friesland), dann die Kolonie Neuland mit Covepirizal und dem Missions- und Schulprogramm Peniel, weiter die ASCIM in Yalve Sanga und die Landwirtschaftsschule La Huerta, Filadelfia, ein mennonitischer Bauernhof in Neuland, und zuletzt CEMTA und der Christliche Dienst in Asunción. Trotz der Sprachenverwirrung (die Afrikaner sprachen fast nur französisch, zwei etwas englisch) zwischen Französisch, Englisch, Deutsch und Spanisch konnten wir uns durch gute Übersetzung in den meisten Fällen relativ gut verständigen. Auffallend war das große Interesse, das sie an allem zeigten, und die vielen interessierten Fragen, die sie stellten. Vieles war ihnen neu, und manches machte sie nachdenklich. Nach meiner Beurteilung fiel ihnen u. a. Folgendes besonders auf:

- die Organisation und Systematik, mit der hier gearbeitet wird, sowohl in unseren Kolonien als auch in den NK-Projekten
- die Direktsaat mit Bodenbedeckung in Ostparaguay
- dass wir helfen und entwickeln wollen, ... ohne zu schenken
- die Systematik und Konsequenz, mit der das Kreditgeschäft gehandhabt wird (wer nicht zurückzahlt, erhält keine Kredite mehr)
- die Ausdauer, mit der trotz Schwierigkeiten weitergeplant und -gearbeitet wird.
- was ihnen auch auffiel, und wofür sie kein Verständnis hatten, war, dass hier in Paraguay im Volksverständnis Mennonit sein mit blonder Haar- und

Hautfarbe und mit ethnischer Volkszugehörigkeit zu tun hat.

Ob etwas ''hinübergenommen'' wird oder nicht, bleibt abzuwarten. Auf alle Fälle war es eine interessante Begegnung."

Ein Besucher hat sich im Nachhinein wie folgt zu dem Besuch bei COVESAP - "Würdiges Leben für meinen Nachbarn", geäußert: *„Das Projekt der Kolonie Friesland erreicht 700 lateinparaguayische Familien mit Unterstützung in der Selbstverwaltung, der Wirtschaft und Produktion, der Vermarktung, dem Wegebau, der Erziehung und im Gesundheitswesen. Ein gut durchorganisiertes Unternehmen, um die Lateinparaguayer zu fördern, mit einem professionell arbeitenden Team unter Leitung von Theodor Regier und Alfred Fast. Diese Initiative findet Beachtung bis in Regierungskreise. Wir sehen eine Fraueninitiative, in der gemeinsam gekocht und gebacken wird, dazu Gartenprojekte. Alle Früchte der Erde sind darin zu finden, von Ananas über Zitrusfrüchte bis zu Äpfel und Birnen. Gemüse in reicher Auswahl. Ein Beispielbetrieb für landwirtschaftliche Produktion. Ackerbau wird hier neben der Viehzucht betrieben. Direktsaat um Austrocknung und Erosion zu vermeiden wird gelehrt, dazu die Verbesserung der Weiden mit Leguminosen zur Anreicherung der Böden mit Stickstoff und zur Eiweißversorgung der Rinder. Alle Projekte werden ständig von COVESAP begleitet. Am Sonntag lädt uns Alfred Fast, der Koordinator von COVESAP, auf seine 2.000 ha große Estancia ein. Es ist ein Viehbetrieb, neben Schlachtvieh wird Zuchtvieh verkauft. Er zeigt die Anreicherung der Weiden mit Leguminosen, auch Sträucher zur Eiweißversorgung sind angebaut, dazu ein Aufforstungsprogramm. Die Fahrt geht durch einen Rest-Urwald über die Wiesen und Felder. Problem ist der organisierte Viehdiebstahl weit draußen. Ärgerlich dazu der zerstörte Zaun. Eine Verfolgung ist aussichtslos, die Polizei spielt mit, ein zur Wehr setzen gefährlich. Abends wird das Vieh in die Nähe der Gebäude getrieben.*

9.4. Besuche auf Km 81

Vor, während und nach der Mennonitischen Weltkonferenz in Paraguay im Juli 2009 besuchten etwa 1300 Personen, größtenteils aus dem Ausland, das Hospital Menonita Km 81. Außer dass sie die Einrichtungen und das Gelände des Hospitals kennen lernten, genossen auch mehrere Gruppen eine Mahlzeit im Km 81-Esssaal.

Vor der Weltkonferenz machten 45 Jugendliche aus Kanada einen zweitägigen Arbeitseinsatz am Ort. Gleichzeitig lernten sie auch das Hospital Menonita Km 81 näher kennen. Es war für sie eine besonders wertvolle

Erfahrung.

Weiter berichtete man über die Zeit vor, während und nach der Mennonitischen Weltkonferenz im Informationsblatt „Im Dienste der Liebe, 58. Jahrgang, Nr. 2, Mai - August 2009": *„In der Zeit vor, während und nach der Weltkonferenz haben uns außerdem zahlreiche weitere große und kleinere Gruppen mit ihrem Besuch erfreut. Gezählt haben wir in dieser Zeit insgesamt fast 1300 Personen, fast ausschließlich alle aus dem Ausland. Der größte Teil kam aus Nordamerika, aber auch ein großer Teil aus Europa, mehrere aus Mittel- und Südamerika, und einige aus Afrika. So kamen allein an einem Tag bis zu 6 große Busse auf das Hospitalgelände.*

Bei so einem Besucheransturm ist dann jede Hilfe willkommen. So haben sich schon gleich beim Empfang die Nacht- und Tageswächter tatkräftig eingesetzt, um den Bussen einen geeigneten Parkplatz anzuweisen, damit sie nicht irgendwo auf einer aufgeweichten Stelle auf dem Hof festsitzen blieben (trotzdem kam auch das vor, und die Wirtschaftsarbeiter mussten den Traktor anspannen). Dann waren eine ganze Reihe Leute bereit, diesen Besuchern die Einrichtungen zu zeigen und die Arbeit zu erklären. Dankbar sind wir in diesem Zusammenhang auch für den Einsatz von Hans und Delfine Harder aus Loma Plata, und Frau Annegret Horsch aus Filadelfia, die an einigen Tagen aushalfen.

Besondere Anerkennung verdienen aber auch die Patienten, die in dieser Zeit hier stationär betreut wurden. Für manche von ihnen bedeutete es, täglich mehreren Besuchergruppen zu begegnen, die oft anhand der Geschichte eines Patienten Einzelheiten über die Hansen-Krankheit besser verstanden.

Etwa 8 größere Gruppen (von je 30-40 Personen) waren auch zum Essen in der Stationsküche angemeldet. So hieß es auch da voll im Einsatz zu sein. Die Oberköchin sagt dazu: „Trotz der zusätzlichen Arbeit war es für mich eine Ehre, so viele Gäste mit einem echt mennonitischen Borschtsch zu bewirten. Ich wage auch zu behaupten, es hat den meisten gut geschmeckt; wir wurden wenigstens immer mit einem wunderschönen Gesang belohnt."

Es war eine ganz besondere Erfahrung, viele Menschen willkommen zu heißen, und sie die Einrichtungen zu zeigen, und sie über den „Dienst der Liebe" an die paraguayische Bevölkerung zu informieren. Es war sehr ermutigend, das Interesse der Leute zu sehen und dadurch wurde bewusst, welch ein Vorrecht es ist, Gott zu dienen!

„Das Hospital Menonita Km 81 beteiligte sich auch mit einem Stand an der Expo Mission der Weltkonferenz. Zahlreiche Personen kamen auch hier vorbei, um sich über die Arbeit zu informieren.

Dr. Wilhelm Schröder war stark an der Planung und Durchführung des weltweiten Treffens für mennonitisches Gesundheitspersonal beteiligt. Er berichtet darüber:

„An zwei Nachmittagen, während der Mennonitischen Weltkonferenz traf sich das interessierte Gesundheitspersonal im neuen Krankenhaus von Fundación VISIÓN. Es waren ca. 160 Personen aus allen Kontinenten zugegen; darunter waren Ärzte, Krankenpfleger, Arzthelfer, Kaplans, Krankenhaus-Verwalter und Besucher. Das Ziel war, sich kennen zu lernen und sich über den Auftrag als Mennoniten im Gesundheitswesen in dieser Welt auszutauschen.

Wenn das Motto der MWK (A15) "Miteinander unterwegs auf dem Weg Jesu Christi" war, trafen wir uns unter der Frage: "Welches ist der Weg Jesu im Bereich des Gesundheitswesens?"

Zuerst wurde die Arbeit von Paraguay präsentiert: Hospital Yalve Sanga, Sanatorium Eirene, Hospital Mennonita Km 81, Hospital Luz y Vida, Fundación Visión und Alto Refugio. Von anderen Ländern kamen Berichte aus USA, Kongo und der Ukraine. Die Berichte wurden mit großem Interesse verfolgt. In den Pausen kam es zu einem regen Austausch.

Sogar Nordamerikaner staunten über die Freiheit und Möglichkeiten, die in Paraguay existieren, um das Evangelium auch im Gesundheitsbereich zu verkündigen. Wir wurden sehr ermuntert, weiter zu arbeiten.

Es wurde empfohlen, so ein Treffen zukünftig während jeder Vollversammlung der Mennonitischen Weltkonferenz von dem Gastgeberland zu gestalten.

In der Zwischenzeit sollen Kontakte per E-Mail und wenn möglich gegenseitige Besuche gefördert werden. Für mehr Informationen können Sie bei medicos.menonitas@gmail.com nachfragen."

Kurz nach der Mennonitischen Weltkonferenz besuchten uns beim Hospital Menonita Km 81 der neue Präsident der Mennonitischen Weltkonferenz, Danisa Ndlovu und seine Frau Treziah, aus Simbabwe, der Geschäftsführer Larry Miller und seine Frau Eleanor, aus Frankreich, sowie der neue Kassierer Ernst Bergen und seine Frau Lucy aus Paraguay. Sie waren von der Arbeit tief beeindruckt und sahen Km 81 als Beispiel an, wie auch in anderen Ländern gearbeitet werden könnte. In den letzten Tagen erreichte uns ein Brief von der Präsidentin der MMA (Mennonite Medical Association). Sie schrieb über das Ärztetreffen u. a.: „Eure Begeisterung für eure Arbeit in Paraguay ist klar sichtbar und ihr habt eine tiefe Leidenschaft für den Dienst an andere, welches ihr auch im Alltag zeigt. Ich war beeindruckt über den klaren Missionssinn und über die Art und Weise, wie ihr da in Paraguay engagiert seid."

Viele Besucher der Weltkonferenz trugen sich in das Gästebuch ein. Einige Bemerkungen folgen:

- „Welch ein Vorrecht für mich, hier Zeit zu verbringen. Danke!" (aus Canada)
- „Danke, dass ihr mir ein besseres Verständnis gegeben habt. Gott segne

euch!" (aus Canada)
- „Danke für die phantastische Arbeit!" (aus der Schweiz)
- „Der Herr segne alle Arbeit hier!" (aus der Schweiz)
- „Schöner Platz, hervorragende Arbeit…" (aus Mexiko)
- „Welch ein Segen, diesen Ort kennen zu lernen!" (aus Canada)
- „Danke, wir haben viel gelernt." (aus Canada)
- „Ein großartiger Ausdruck von Gottes Liebe" (aus USA)
- „Ich bin beeindruckt." (aus Niederlande)
- „Danke für die Inspiration." (aus USA)
- „Ich bin sehr bewegt von der Hingabe des Personals." (aus USA)
- „Macht weiter in diesem wichtigen Dienst!" (aus Canada)
- „Wir sind Gott dankbar für euer Werk". (aus Canada).
- „Inspirierend!!" (aus Canada)
- „Seit 45 Jahren ist es ein Traum gewesen, Km 81 zu besuchen! Gottes Segen." (aus USA)
- „Dios les fortalezca sin fin" (aus Argentinien)
- "Welch wunderbare Mission!" (aus Deutschland)
- „Dankeschön" (aus Russland)
- „Gracias! Un privilegio conocer su trabajo." (aus Argentinien)
- "Es un trabajo muy bueno" (aus Guatemala)
- "Es war ein Stück Paradies." (aus Holland)
- „Es war gut, kennen zu lernen, was ihr an diesem Ort tut. Macht weiter in dem guten Werk. Gott segne euch." (aus Simbabwe)
- „Gut, Gottes Diener an der Arbeit zu sehen – welch ein Segen." (aus Canada)

9.5. Reise in den Chaco

Wie haben Ausländer ihre Reisen in die Mennonitenkolonien Paraguays erlebt und verarbeitet? Beeindruckt waren die meisten Chacobesucher bereits von der stundenlangen Fahrt durch Palmsavannen, menschenleere Gegenden und trockene Krüppelwälder.

Im Chaco wurden die Gruppen dann meistens durch die drei Mennonitenkolonien und noch zu einigen zusätzlichen Sehenswürdigkeiten geführt, wie die Arbeit der ASCIM oder auch zur Geschichtsstätte bei Km 145.

Übernachtet haben die Gruppen normalerweise in einem Hotel in Loma Plata oder Filadelfia, oder sie waren bei Gastfamilien untergebracht.

Jeweils einen Tag verbrachten die Gäste in Menno, Fernheim und Neuland, wo sie über die Geschichte der Kolonie informiert wurden, und Führungen im Museum, in der Erdnussfabrik, in Sozialeinrichtungen wie Altenheim, Schule und Hospital erhielten, und auch Kunstwerke von Indianern oder von

Mennoniten bestaunen durften.

Außerdem waren für diese Zeit einige musikalische Darbietungen vorbereitet worden, und sowohl von Chacobewohnern wie auch von Besuchergruppen wurden diese vorgetragen.

Besuche bei den Indianerkolonien, wie es ein Besucher beschrieb, beeindruckten besonders, denn hier erfuhr man, was diese Ureinwohner alles aufgebaut haben und wie sie mit Hilfe von Einwanderern ein Sozialwesen aufbauen, das sich sehen lassen kann, unter anderem auch die Gesundheitsfürsorge mit dem Pflegepersonal aus den Indianersiedlungen.

Es gab auch Begegnungen mit Altbekannten. So zum Beispiel trafen Roswitha und Werner Funck aus Enkenbach in Deutschland in Lolita auf Bekannte. Sie schreiben im Mennoblatt Nr. 19 vom 1. Oktober 2009, Seite 6: *"Eindrückliche Begegnungen und Erfahrungen vor der Weltkonferenzversammlung im Chaco ... Der erste Tag im Chaco bildete eine Fahrt nach Südmenno, Lolita, wo liebe Freunde auf uns warteten ... So hatten wir gleich zu Beginn einen deftigen Einstieg in die Verhältnisse vom Chaco, in Erinnerung an unseren halbjährigen Aufenthalt in Lolita vor 26 Jahren. Doch wir staunten nicht schlecht über die wirtschaftlichen und sozialen Veränderungen, bewunderten die neue Kirche der Mennonitengemeinde und das gesamte Ortsbild von Lolita. Besonders ergreifend war die Herzlichkeit, mit der uns Menschen begrüßten. Menschen, die wir seit 1983 nicht mehr gesehen hatten. Mariechen Krahn hatte sie zu einer Begegnung mit uns zusammengerufen..."*

10. Zahlen und Kuriositäten der Mennonitischen Weltkonferenz

1 neuen Präsidenten hat die MWK. Es ist Danisa Ndlovu aus Simbabwe. Er ersetzt Nancy Heisey aus den USA.

2 Programmleiter führten uns durch die Vollversammlungen, die an den Vormittagen und Abenden abgehalten wurden: Werner Franz und Cristina Caballero waren die Moderatoren.

4 Stockwerke hat das „Centro de Adoración Familiar". Im Erdgeschoss fanden die Vollversammlungen statt, im ersten Stockwerk war die Missionsausstellung, im 2. Stockwerk versammelten sich die Teilnehmer nach Interessengruppen, um zu verschiedenen Themen Vorträge, Berichte, Diskussionen usw. durchzuführen. Im 4. Stockwerk war eine Ausstellung zu besichtigen: Mennoniten unter dem Sowjetterror und russlanddeutsche Mennoniten in Paraguay (Heimat für Heimatlose).

6 Tage lang versammelten sich die Gläubigen verschiedener Mennonitengemeinden aus vielen Ländern der Welt.

8 verschiedene Kulturen waren am Massenchor beteiligt, der am 18. und 19. Juli auf der A 15 in Asunción Lieder in verschiedenen Sprachen sang.

10 Versammlungen der gesamten Konferenzteilnehmer gab es zwischen dem 14. und 19. Juli im Versammlungsraum des Centro Familiar de Adoración.

11 Weltkonferenzen am Bande:
Frau Ruthild Foth aus der Pfalz nahm in Asunción schon an ihrer 11. Mennonitischen Weltkonferenz teil. Sie wohnt in Ludwigshafen, Deutschland, und hat seit 1952, als die Weltkonferenz in Basel stattfand, ununterbrochen daran teilgenommen. An der Konferenz in St. Chrischona nahm sie mit ihrem Vater zusammen teil.
Zur Zeit der Konferenz in Paraguay war sie 75 Jahre alt. Sie sagt, dass sie gerne an Konferenzen beteiligt ist. Es war dieses ihr zweiter Besuch in Paraguay. Nach der Konferenz in Curitiba im Jahre 1972 besuchte sie erstmalig Paraguay und den Chaco.
Frau Foth betonte, dass sie vor allem die schönen Chorgesänge, die Ausflüge und auch Ausstellungen während der Konferenzen genieße, und oft hat sie mitgeholfen, zum Beispiel in der Übersetzungsarbeit. Sie hat im Laufe der Teilnahme an Konferenzen beobachtet, dass besonders im Inhalt ein Wandel vollzogen wurde. Die Vorträge, die früher sehr akademisch gehalten wurden, sind einfacher geworden. Die Predigten sind praktisch orientiert und die Lebensberichte bereichern gegenseitig. Früher wurden bis zu drei Abendmahlsfeiern abgehalten, um die verschiedenen Gruppen zu berücksichtigen. Heute versammeln sich alle um diese Feier durchzuführen. Frau Foth hat auch freiwillige Dienste auf den Weltkonferenzen erledigt, wie zum Beispiel die Übersetzung der Vorträge und Predigten.
Beobachtet hat sie auch, dass sich die Zusammensetzung der Teilnehmer sehr verändert hat. Denn früher waren hauptsächlich Weiße aus Europa und Nordamerika zugegen. Das Bild hat sich jedoch geändert, und heute sind die Teilnehmer in der Mehrzahl Vertreter aus den Gemeinden der südlichen Hemisphäre.
Der Vater von Frau Voth war Mennonit, ihre Mutter Baptistin, sie ist heute Mitglied der Menonitengemeinde in Ludwigshafen, die seit 1702 besteht.
Auf der MWK in Asunción erhielt Frau Ruthild Foth eine besondere Würdigung für ihre langjährige Teilnahme.

14 Mitglieder hatte das internationale Musik- und Gottesdienstteam, das die Versammelten in den Liedern anleitete.

15 Vollversammlungen hat es bis heute im Rahmen der MWK gegeben.

15 mennonitische Siedlungen (Kolonien) bestehen in Paraguay. Die erste entstand 1927, als kanadische mennonitische Einwanderer die Kolonie Menno
gründeten.

17 mennonitische Vereinigungen bestehen in Lateinamerika.

21 Konventionen (Konferenzen) mennonitischer Gemeinden bestehen in Paraguay, mit insgesamt 32.000 Mitgliedern.

45 Minuten etwa dauerte es normalerweise, bis die mehr als 5000 Teilnehmer der A 15 gespeist hatten. Ob es bei der Speisung der 5000 zu Jesu Zeiten auch so schnell von statten ging?

60 Mennonitische Konferenzen bestehen weltweit.

63 Länder waren durch ihre mennonitischen Gemeindeglieder auf der A 15 in Asunción vertreten.
Aus Afrika kamen 180 Teilnehmer als Vertreter folgender Länder: Angola, Burkina Faso, Congo, Congo (DR), Ethiopia, Ghana, Kenya, Malawi, Mozambique, Nigeria, Tanzania, Zambia, Zimbabw.
Aus Asien und dem Pazifikraum waren waren 90 Mennoniten angemeldet, um an der A-15 teilzunehmen: Australia, Birmanien (Myanmar), China, India, Indonesia, Japan, Kambodscha Nepal, New Zealand, Philippines, Russland, Senegal, Singapore, Südkorea, Taiwan, Vietnam.
Nordamerika war mit 1.496 Teilnehmern zugegen. Diese kamen aus Kanada (730) und den USA (766).
Aus dem Karibischen Raum, Mittel- und Südamerika erschienen 592 Teilnehmer, verteilt auf folgende Länder: Argentinien, Belize, Bolivien, Brasilien, Chile, Colombia, Costa Rica, Cuba, Dominican Republic, Ecuador, El Salvador, Guatemala, Honduras, Jamaica, Mexico, Nicaragua, Panama, Peru, Trinidad und Tobago, Uruguay und Venezuela.
Europa hatte 370 Vertreter auf der Weltkonferenz. Dies kamen aus Österreich, Belgien, Frankreich, Deutschland, Italien, Niederlande, Spanien,

Schweiz, Ukraine und Großbritannien.

Paraguay, das auch zu Südamerika gehört, war als Gastgeberland mit 3476 Beteiligten auf der 15. Mennonitischen Weltkonferenz vertreten. Mehr als die Hälfte der Teilnehmer kam also aus unserem Land.

145 verschiedene Arbeitsgruppen (Workshops) und Interessentengruppentreffen gab es mindestens im Laufe der A 15.

300 Freiwillige waren bei der MWK im Einsatz.

550 Fahrzeuge haben im Parkplatz des Gebäudes (subsuelo 1 und 2) Raum.

700 Jugendliche aus 38 Ländern beteiligten sich am Jugendgipfel, der in den Tagen vor der Gesamtkonferenz in Asunción stattfand. Rund 1.500 Jugendliche beteiligten sich an dem Programm am Samstagabend, als alle Jugendlichen - auch die Nicht-Angemeldeten - teilnehmen durften.

1911 wurde die erste Frau als Pastorin einer Mennonitengemeinde ordiniert. Es war Ana Lernike.

6.204 eingeschriebene Mennoniten aus aller Welt schrieben sich für die A 15 in Asunción ein und nahmen an den Versammlungen teil.

8000 Besucher waren schätzungsweise zum Abschlussgottesdienst am Sonntag den 19. Juli erschienen.

11.000 Besucher sollen im großen Versammlungsraum Platz finden, wenn er ganz vollgepackt wird.

32.000 Mitglieder insgesamt zählen die Mennonitengemeinden von Paraguay heute.

44.000 m2 Raum bietet das „Centro Familiar de Adoración", wenn es ganz fertig gestellt sein wird. Zum Vergleich: Das paraguayische Kongressgebäude hat „nur" 30000 m2 Raum, kostete jedoch 16 Millionen US$, nach Zeitungsangaben.

1.612.301 Mitglieder hat die weltweite mennonitische Gemeinde. Auf der MWK 2003 in Bulawajo, Simbabwe, wurde die Gesamtzahl mit 1.297.966 angegeben.

2.000.000 US$ etwa waren die Gesamtkosten der ganzen Konferenz.

5.000.000 US$ soll das „Centro Familiar de Adoración" kosten, bis es ganz fertiggebaut ist.

Dass die intensiven Programme am laufenden Band anstrengend waren sah man daran, dass immer wieder Beteiligte an Workshops oder auch bei den größeren Veranstaltungen, sowie in den Pausen ein Nickerchen machten und so manchmal regelrecht interessante Berichte und Diskussionen verschnarchten.

IV. Nach der Konferenz

1. Einfluss auf Besucher und Besuchte - Eindrücke, die geblieben sind

Mehr als 6.000 Teilnehmer hatte die A-15 in Asunción. Fast genauso viele Eindrücke würden wohl zutage kommen, wenn alle sich äußern würden. Einige wenige haben ihre Empfindungen aufgeschrieben und geben so ein vielseitigeres Bild von der Konferenz wieder. Auch wenn die Urteile wohl subjektiver Art sind, so können viele subjektive Äußerungen einen Beitrag leisten, damit man sich ein objektives Bild von der Veranstaltung verschaffen dann.

1.1. Jakob Warkentin, Kolonie Neuland, Paraguay

Es war beeindruckend, dass so viele Ethnien aus verschiedenen Ländern zusammen gekommen waren, um sich auf Jesus Christus und seine Gemeinde in dieser Welt zu besinnen. Trotz vieler Verschiedenheiten war man bereit, gemeinsam den Weg in der Nachfolge Jesu Christi zu betreten.
Lieder, Bibelstudium und verschiedene Beiträge sollten die Teilnehmer anspornen, das Gemeinsame in der Vielfalt zu sehen. Die offiziellen Sprachen waren Spanisch und Englisch, und die Übersetzung in den Hauptversammlungen klappte im Großen und Ganzen gut. Schwieriger war es in den „Workshops", da man einige Vorträge von der Bühne aus übersetzen musste, was doch recht zeitraubend war.
Ich fand die Arbeit in den „Workshops" der anregend und weiterführend. Der Austausch von Gedanken und Adressen dürfte die weltweiten Kontakte unter den Mennoniten fördern. Das kann ich jedenfalls von den "Workshops" der Historiker und Lehrer behaupten.
Die Erwartungen der Weltkonferenzteilnehmer sind sicher sehr unterschiedlich. Meines Erachtens hatte das emotionale Element gegenüber dem rationalen ein starkes Übergewicht. Das kam vor allem beim Abschlussgottesdienst zum Ausdruck, der nicht nur zu lang und zu laut war, sondern auch zu wenig Tiefgang hatte, zum Ausdruck. Der Massenchor aus dem Chaco aber beeindruckte durch die Qualität seiner Darbietung und symbolisierte die Einheit durch das Zusammenwirken verschiedener Ethnien.
Der Höhepunkt war ohne Zweifel der Samstagabend mit der Feier des Heiligen Abendmahls. Schade, dass der Sonntagmorgen, der der eigentliche Abschluss der Konferenz war, nicht auf demselben Niveau zu Ende ging.

1.2. Antje van Dijk, Niederlande (Holland), Gemeinde Zutphen

Wenn ich über die Ereignisse in ASUNCION nachdenke, DANN MÖCHTE ICH STUNDENLANG ERZÄHLEN. Zuerst hat mich mein Aufenthalt von drei Tagen im Chaco beeindruckt. Ich hatte schon viel darüber gelesen. aber das wirklich zu sehen hat mir erst ein richtiges Bild gegeben. Ich bin beeindruckt von dem Gottvertrauen, das alle diese Mennoniten gehabt haben und wodurch sie so vieles zustande gebracht haben.

Ich schätze es unheimlich, wie man es in den Kolonien geschafft hat, der Indianerbevölkerung ihre eigene Lebensweise erhalten zu lassen, und mit ihnen einen gemeinsamen Lebensweg gefunden hat.

Es war meine fünfte Weltkonferenz, an der ich teilnahm. Und diese Konferenz schätzte ich sehr, weil alle richtig zusammenarbeiteten. Es gab keinen Unterschied. Ob man mit der Organisation beschäftigt war oder mit der Leitung, alle Mennoniten waren füreinander da und man konnte jedermann entgegengehen und zu jedem sprechen.

Am meisten habe ich mitgekriegt, dass die Mennoniten in Paraguay Gott dankbar sind für die Leitung in ihrem Leben. Diese Lebenshaltung kennen wir in Holland nicht so ausgesprochen. Die Jugend hat ausgezeichnet mitgemacht und geholfen. Wunderbar! Das Treffen auf einer Teeparty mit den Theologenfrauen von Südamerika und Afrika mit Gästen, zusammen ungefähr 100 Frauen, war auch ein Höhepunkt.

Dass gemeinsame Singen war herrlich. Ich werde eine Freude in meinem Herzen mit nach Hause nehmen, die Geistlichkeit der Konferenz hat mich geändert.

1.3. Mika Friesen, Kolonie Menno, Paraguay

Es war für mich ein einmaliges Erlebnis, mit so vielen Brüdern und Schwestern in Christus aus verschiedenen Ländern und Kulturen an einem Ort versammelt zu sein. Besonders gefallen haben mir die Lieder und Zeugnisse der Teilnehmer. Gott loben und anbeten kann man in verschiedener Art und Weise, was hier auch stark zum Ausdruck kam. Mein Wunsch ist, dass wir offen sind, und auch andere Formen des Lobpreises und der Anbetung tolerieren können.

Die Organisation war sehr gut. Sowohl die Programme als auch das Essen, die Workshops, Ausstellungen, Übersetzungen u.a.m. liefen reibungslos von statten. Die vielen Freiwilligen und Organisatoren haben eine exzellente Arbeit geleistet. Gefehlt hat mir, dass nicht mehr lokale Projekte vorgestellt wurden, damit auch die Arbeit der paraguayischen Mennoniten etwas mehr bekannt wurde, z.B. die Arbeit der ASCIM (Zusammenarbeit der Mennoniten und Indianer im Chaco) und der Christliche Dienst in Paraguay. Ich bin durch diese Konferenz vom Neuen motiviert worden mich darin zu üben, die anderen

Menschen in ihrer Kultur anzunehmen und sie vorbehaltlos zu lieben. Für mich war diese Konferenz zum Segen.

1.4. Michael Friesen, Kolonie Menno, Paraguay

Mein Eindruck von der MWK – was nehme ich mit…
Die mennonitische Weltkonferenz war für mich ein einzigartiges Erlebnis. Ich traf dort zwar viele Bekannte, aber gerade so vielen Menschen aus anderen Erdteilen und Kulturen zu begegnen, mit denen wir uns auf dem gleichen Weg, dem Weg Jesu Christi, befinden, hat mir einen tieferen Einblick und ein besseres Verständnis von dem gegeben, was es heißt, gemeinsam den Leib Jesu Christi zu bilden. Wenn so viele Menschen mit kleineren und größeren Unterschieden eine Gemeinschaft bilden wollen, verlieren Nebensächlichkeiten an Gewicht und wenn man sieht, unter welchen Umständen andere Leute leben und ihren Glauben bezeugen, wird es einem so richtig bewusst, dass das eigene (Gemeinde-) Leben nur eine von vielen Formen ist, um den Auftrag Jesu Christi auszuführen.
Ich war auch auf dem globalen Jugendgipfel. Dort lag der Schwerpunkt beim Thema „Dienen: Lebe den Unterschied!". Jugendliche aus aller Welt trafen sich zu einem erbauenden Austausch und wurden ermutigt, mit ganzem Herzen sich in den Dienst Jesu zu stellen.
Man kann viele neue Bekanntschaften schließen und bestehende Beziehungen vertiefen. Gemeinsame Aktivitäten verbinden uns miteinander, so haben wir z.B. Lieder aus den verschiedenen Kontinenten gelernt und alle gemeinsam gesungen. Durch das Hören der Botschaften und den Austausch mit Anderen kann man neue Perspektiven gewinnen und mit neuem Mut und auch mit neuen Ideen wieder an die Arbeit gehen.

1.5. Rudi Niessen, Akron, Pennsylvania, USA

Ich habe wunderbare Eindrücke von der Konferenz mitgenommen, und ich glaube, dass die Konferenz sehr gut organisiert war. Ich war erstaunt und meine Freunde waren erstaunt, wie alles so wunderbar gelaufen ist; auch die Organisation mit dem Essen und das Essen selbst.
Das ganze Komitee hat wirklich gute Planung gemacht. Man sah, dass das Planungskomitee viel Arbeit gehabt und die Arbeit wirklich gut gemacht hat.
Was mir noch auffiel: Das Programm am Sonntagmorgen, nachdem der Massenchor aufgetreten war, war nicht gut. Es kam mir so vor, als ob nur ein paar Leute dieses Programm geplant hatten und nach ihrem Willen durchführten. Ansonsten sah ich wieder, dass, wo ein Wille ist, kann man

irgendetwas organisieren und durchführen.

1.6. Eduard Friesen, Kolonie Menno, Paraguay

Die MWK 15 ist für uns als gastgebendes Land eine große, aber gute und herausfordernde Erfahrung gewesen. Es hat viel Einsatz gefordert, aber Hunderte von Leuten, mehrheitlich Freiwillige, haben nicht nur durch ihren Beitrag zu einer reibungslosen Durchführung der Konferenz beigetragen, sondern haben auch einen praktischen Einblick bekommen, was organisatorisch alles zu bedenken und zu tun ist.

Die kulturelle Vielfalt, die die weltweiten Mennonitengemeinden ausmacht, könnte sicherlich auch als eine Gefahr für die innere Einheit gesehen werden. Der allgemeine Eindruck jedoch ist, dass die Einheit im Glauben und im Bekenntnis stärker ist als die möglichen Gefahren. So sollte es auch sein. Besonders wertvoll sind auch die persönlichen Bekanntschaften, die während der Tagung oder im Zusammenhang mit der Tagung zustande kommen.

Ich würde empfehlen, über die MWK auch Austauschprogramme für Jugendliche wie auch für Erwachsene/Ehepaare mit unseren Glaubensgenossen in Asien, Afrika oder sonst wo zu organisieren. Das würde manchen neuen Wind ins Leben der einzelnen wie auch in die betroffenen Gemeinden bringen.

1.7. Dietrich Franz, Kolonie Neuland, Paraguay

Nun ist die Weltkonferenz Vergangenheit. Eine Epoche der Geschichte der

Mennoniten in Paraguay könnte man als abgeschlossen ansehen, wenn man davon spricht, dass es eine Zeit vor der MWK und eine nach dieser gibt. Manche haben erwartungsvoll, andere eher skeptisch diesem großen Ereignis entgegen geschaut.

Viele Menschen haben unermüdlich gearbeitet, damit dieses Projekt Wirklichkeit wurde. Was sagen wir nun, nachdem wir sie miterlebt haben? Als einer, der wirklich auch nur miterlebt hat, hier einige Eindrücke und Fragen:

Positive Eindrücke
Ich war überrascht, wie die Programme mit so einer großen Menschenmenge so organisiert durchgeführt werden konnten. Das sowohl in den Programmabläufen wie auch in sonstigen vielen kleinen Einzelheiten.

Dazu haben wohl nicht zuletzt die vielen so hilfsbereiten Freiwilligen beigetragen, die praktisch überall waren. Man brauchte sich nur einmal

umschauen und schon war jemand da, der fragte, ob etwas fehle. Diese Bereitschaft, dieser Einsatz hat mich tief beeindruckt.
Weiter war für mich eines der sehr wichtigen Punkte, dass wir die Vielfalt der weltweiten mennonitischen Gemeinschaft kennenlernen konnten. Das war für mich sehr bereichernd. Dass dann auch praktisch alle diese Gruppen mit in die Programmgestaltung integriert wurden, war schön.
Nicht zuletzt hat auch die Infrastruktur dazu beigetragen, dass es ein schönes Fest werden konnte. Wenn wir bedenken, dass das Wetter am Anfang noch unsicher war, war es wichtig, dass praktisch alles drinnen durchgeführt werden konnte.

Fragen, die mir kamen
Lohnt sich der finanzielle Aufwand so eines Unterfangens? Kamen die Prinzipien unseres mennonitischen Glaubensbekenntnisses genug zum Zuge? Soll es nur ein Familienfest sein, zu dem wir auch "andere Freunde" einladen?

Ich bin beeindruckt:
- In welcher Armut manche mennonitische Gruppen in der Welt leben. Das hat mir mehr Gefühl der Dankbarkeit gegeben, für das, was wir noch haben.
- Mit welcher Sicherheit und Freude mennonitische Gruppen in sozial schwierigen Situationen ihren Glauben leben und überhaupt bestehen bleiben.
Für mich hat dieses Ereignis viel mehr positives als negatives gebracht. Ich denke, dass die Familienatmosphäre, die dort geherrscht hat, viel dazu beigetragen hat, dass man aufeinander zuging, miteinander redete und das man in dem Sinne eine schöne Atmosphäre fühlen konnte.
Dankbar bin ich letztendlich ganz besonders Gott, der es gegeben hat, dass es nicht Unfälle noch Überfälle gegeben hat. Bei all den Reisen hin und her zu den Hotels, den Gruppenfahrten und all dem anderen, ist, soweit ich erfahren

haben, nicht passiert. Das ist keine Selbstverständlichkeit.
Dankbar bin ich, dass sich das Organisationskomitee so kräftig eingesetzt hat, dass es so viele Menschen gab, die mitmachten und wir das Familienfest genießen konnten.
Wollen wir weiter beten, dass die mennonitische Gemeinschaft in der Welt das Zeugnis sein kann, wofür sie sich ausgibt.
Lassen wir das eine Herausforderung für uns sein.

1.8. Werner Giesbrecht, Kolonie Menno, Paraguay

Allgemein war ich sehr positiv von der MWK beeindruckt. Die Organisation war hervorragend. Die „Servidores de Paz" haben einen großartigen Dienst getan und viel zum geplanten und reibungslosen Verlauf der Konferenz beigetragen. Die Dienstbereitschaft vieler Freiwilligen hat mich beeindruckt, nicht zuletzt die Köche und Bediener bei den Mahlzeiten.

Auch das Essen war allgemein sehr gut, wenn man bedenkt, dass für ca. 6000 Personen zweimal täglich eine Mahlzeit vorbereitet wurde. Man konnte sogar einen Sitzplatz bekommen und nicht nur das Essen genießen, sondern auch die Gemeinschaft mit anderen Christen aus aller Welt.

Schön war, dass die Konferenz im Gebäude vom „Centro Familiar de Adoración" stattfand, und nicht irgendwo in einem Fußballstadion. Die Einrichtungen waren entsprechend, wenn der Bau auch noch nicht ganz fertiggestellt war.

Inhaltlich gab es auch eine breite Auswahl von Themen, besonders auf den Workshops. Leider waren die Räume oftmals überfüllt. Der allgemeine Gesang hat mir sehr gefallen. Herr Paul Dueck hatte ein sehr gutes „Worship Team" vorbereitet. Paul und seine Gruppe haben uns mit viel Begeisterung im Singen angeleitet. Die Liederauswahl war international und sehr abwechslungsreich. Der Massenchor wie auch die meisten anderen Chöre waren sehr gut.

Der Höhepunkt der Konferenz war für mich am Samstagabend, der Gottesdienst mit Abendmahlsfeier. Meines Erachtens hätte die Konferenz hier abschließen können. Der Gottesdienst am Sonntagvormittag wirkte sehr improvisiert. Besonders schade fand ich es, dass man für den letzten Gottesdienst den Gesangleiter wie auch Gottesdienstleiter wechselte.

Ein besonderer Moment war auch der Akt der Versöhnung mit der Lutherischen Kirche. Schön dass man nach fast 500 Jahren endlich soweit ist, offen über die Fehler der Vergangenheit zu sprechen und zu bekennen.

Das Wetter war allgemein sehr angenehm und dankbar bin ich auch, dass es keine Unannehmlichkeiten oder Zwischenfälle gegeben hat. Es ist nicht selbstverständlich, dass die Konferenz trotz der Grippe A (N1H1) erfolgreich durchgeführt werden konnte.

1.9. Hans Theodor Regier, Asunción, Paraguay

Kurz einige persönliche Eindrücke von der Weltkonferenz:
1. Die Organisation war ausgezeichnet: bei den gemeinsame Mahlzeiten, Parkangelegenheit, Übersetzungen, Workshops, allgemeine Veranstaltungen, Bücher- und Projektausstellungen, usw.

2. Die Hauptveranstaltungen am Abend waren gut organisiert. Auch das "eigentliche" Abschlussprogramm am Samstagabend mit der Abendmahlsfeier

war feierlich und lief reibungslos ab. Aber inhaltlich waren einige Predigten von der theologischen - akademischen Perspektive etwas oberflächlich. Wenn man jetzt aber davon ausgeht, dass die Weltkonferenz ein "großes Familienfest" ist, sind die diesbezüglichen Interessenten wahrscheinlich ganz auf ihre Kosten gekommen.

3. Man braucht nicht unbedingt von einer inhaltlichen Oberflächlichkeit der Weltkonferenz sprechen. Aber es fehlte in gewisser Hinsicht eine stärkere und intensivere analytisch-theologische Auseinandersetzung mit gewissen Inhalten wie z.B. welche Glaubensinhalte verbinden alle Mennoniten auf der Welt, wie stehen wir zur ökumenischen Thematik, Umgang mit Reichtum und Armut, Friedenszeugnis, Umweltschutz, usw.

4. Das letzte Programm am Sonntagvormittag, das auch auf lokaler Ebene organisiert worden war, unterschied sich durch den Showstil deutlich von den anderen Programmen. Der lateinparaguayische Stil setzte sich in beeindruckender Form durch. Auch in der Predigt wurden theologisch wenig deutliche Akzente für die Zukunft gesetzt, wie von vielen Besuchern erwartet wurde.

5. Die Workshops wurden von den Teilnehmern der Weltkonferenz sehr besucht und waren inhaltlich sehr interessant und charakterisierten sich durch ein breites Angebot.

6. Mit dem ökumenischen Bild bei der Eingangsfeier, wozu die höchsten lokalen Autoritäten aus der katholischen, lutherischen evangelischen, usw. Kirche eingeladen und präsent waren, kamen viele paraguayische Mennoniten nicht ganz klar. Wenn bisher die Mitglieder der katholischen Kirche laut dem paraguayisch-mennonitischen Verständnis keinen Platz im Himmel fanden und auch der über die Jahre hinweg geführten Dialog zwischen der katholischen Kirche und den Mennoniten in den Gemeinden in Paraguay überhaupt nicht diskutiert und bekannt ist, so konnte die Präsenz der katholischen Vertreter auf der Einweihungsfeier der mennonitischen Weltkonferenz nicht so recht eingeordnet werden.

7. Die Teilnehmer der Weltkonferenz aus Paraguay haben erlebt, dass es auch in anderen Kontinenten Mennoniten mit anderer Hautfarbe gibt, die andere Akzente in ihrem Glaubensleben und -formen setzten. Doch welche Folgen hat die Weltkonferenz für die Mennoniten in Paraguay aus der inhaltlichen Perspektive? Welche Positionen nehmen die Mennoniten in Paraguay bezüglich der Glaubensgeschwister in Afrika und Asien ein? Wie kann eine Zusammenarbeit nicht nur im missionarischen Bereich, sondern auch eine Zusammenarbeit im wirtschaftlichen, industriellen, sozialen und kulturellen Bereich mit den weniger bemittelten Mennoniten in Afrika aussehen? Wie gestalten wir zukünftig die Zusammenarbeit mit den Mitgliedern der

katholischen Kirche in Paraguay? Wenn man die höchsten Vertreter der katholischen Kirche zur Einweihungsfeier der Weltkonferenz einlädt, will man damit doch ein Zeichen setzen. Müssen diese Themen auf Gemeindeebene diskutiert werden? Wie gestalten die deutschstämmigen Mennoniten zukünftig die Beziehungen zu den lateinparaguayischen Mennoniten in Paraguay? Wie sieht eine zukünftige Wirtschaftsethik der Mennoniten in Paraguay aus - das Fließen der finanziellen Mittel von unten nach oben oder auch umgekehrt?

Können die deutschstämmigen Mennoniten in Paraguay mit den Mennoniten aus der Nordhälfte schon auf gleicher Augenhöhe diskutieren?

Insgesamt gesehen war die Weltkonferenz für die Mennoniten in Paraguay eine inhaltsreiche Erfahrung, die auf verschiedenen Ebenen weiter diskutiert werden müsste.

1.10. Jake Balzer, Calgary, Kanada

Die 15. Vollversammlung der MWK war für die gesamte mennonitische Gemeinschaft Paraguays eine historisch wichtige Feier. Sie beizuwohnen war ein Vorrecht. Die zweite und dritte Generationen der ersten mennonitischen Ansiedler Paraguays (vor mehr als 80 Jahren im Chaco) stellten sich tapfer der Herausforderung, diese Veranstaltung kosmopolitischen Ausmaßes zu bewirken und bewiesen damit, dass sie die Pionier-Drangsalierjahre weit hinter sich gelassen haben und erheblich mit der Kultur Paraguays integriert sind.

Die Beauftragten der MWK hatten es sich vorgenommen, die Mennoniten aus aller Welt in der Weise Jesu Christi zusammenzurufen, ein Umstand, den der herrliche Ton und die Ansprachen von Rednern verschiedener Nationen entsprachen. Folgende Themen wurden an je zwei täglichen gottesdienstlichen Versammlungen besprochen: „Die Weise Jesu Christi", „Vereinigung in Christus",

„Wie dient man Christus" und „Gemeinsam in der Weise Jesu Christi." Die Übersetzer hatten vollauf zu tun, da die Sprache von der Bühne aus stets Spanisch war. In manchen „Workshops" machten sie ausgezeichnete Arbeit.

Vertreter der großen herkömmlichsten Kirchen: Baptisten, Lutheraner, Katholiken, usw. brachten herzliche Grüße, der Lutheraner mit bußfertigem Eingeständnis der Verfolgung zur Zeit der Reformation. Der allgemeine Gesang war für spanisch Ungebildete enttäuschend: z.B. geprägt mit einseitig in modern spanischem Stil. Gern hätte man in allen Kulturen bekannte Kirchenlieder mehrsprachig gesungen.

Nicht zu vergessen war der Einsatz von Chören und kleinen Gruppen. Der paraguayische Massenchor blieb der Sprache getreu mit: „Unter deinem sanften Fittich find ich Frieden, Trost und Ruh, denn du schirmest mich so

freundlich, schützest mich und deckst mich zu."
Ich beklagte mich im Büro über die Gegenwart eines Mannes auf der Bühne mit einer Schildmütze auf dem Kopf, und das in einem Gottesdienst.
Einige Workshops waren übervoll besetzt, trotz des geräumigen Anwesens des genutzten Komplexes. Bei einer solchen Angelegenheit sprach John Redekop über das Verhältnis des Christen der Regierung gegenüber. Die Bibel stellt das Untertänig sein als unbedingt dar: Damals regierten Despoten. Anders verhält es sich mit den derzeitigen demokratischen Wohlfahrtsregierungen, die von den Bürgern selbst nach dem Mehrheitsprinzip gewählt werden. Dieses wurde nicht erörtert.
Auf persönlichem Gebiet war die Versorgung mit Unterkunft in einem Heim angenehm. Ingrid und Gerhard Dueck bewirteten uns acht Personen liebevoll und transportierten einige nach einem Sammelplatz und andere direkt zur Konferenz und zurück, wie es täglich vorkam.
Die nächste Weltkonferenz wurde für Pennsylvania, USA, anberaumt und die Tagung für 2025 für die Gegend von Zürich, Schweiz.
In dem Jahr begehen wir Anabaptisten das 500. Jubiläum unserer Erscheinung, wo Konrad Grebel, Felix Manz und Georg Blaurock sich von Ulrich Zwingli absonderten und auf Kosten ihres Lebens mit der Wiedertaufe anfingen.
Von der Teilnahme großer Mengen an den Veranstaltungen ist nicht abzuraten!

1.11. Meine Erlebnisse von der Weltkonferenz

Als ich die Einladung zur Weltkonferenz hörte, und dass es für alle Mennoniten war, war es mein Wunsch, dabei zu sein. Da ich auch die Unterstützung von meinem Mann und meinen Kindern bekam, fuhr ich mit großer Begeisterung dahin. Ich fand es da noch viel schöner, als ich es mir vorgestellt hatte.
Was war da denn so schön?
- Einfach Gemeinschaft zu haben mit so vielen Mennoniten aus verschiedenen Ländern. Ein jeder hatte sein eigenes Aussehen. Gott ist allmächtig; er hat jeden Menschen einzigartig gemacht.
- Gott anbeten und loben mit Gesang in so einem großen Raum war herrlich. Es wurden manchmal Lieder gesungen in sieben verschiedenen Sprachen, aber
- alle sangen dieselbe Melodie - ein jeder sang in der Sprache, die er verstand.
- Verschiedene Prediger aus verschiedenen Ländern sprachen, doch alle hatten ein und denselben Sinn: „Miteinander auf dem Weg Jesu Christi".
- Das Heilige Abendmahl feiern mit so vielen Mennoniten zusammen, in einem so großen Raum, war wie ein Traum, der Wirklichkeit wurde.
- So viele Jugendliche dienten da mit viel Respekt und viel Verantwortung.

- Die Workshops an den Nachmittagen waren sehr interessant, so dass ich keinen verpassen wollte. Zum Beispiel berichteten zwei Frauen aus dem Kongo, wie sie als Frauen leben, dass sie oft nicht wissen, ob sie Menschen oder Tiere sind.

- Morgens und abends je eine Stunde Bus fahren war keine Langeweile, weil da Gelegenheit war, Mennoniten aus anderen Ländern kennen zu lernen. In unserem Bus waren wir aus sechs Ländern.

Alles, was ich erlebt habe mit Menschen aus verschiedenen Nationen und die Einheit im Glauben, die man da erlebte, war für mich ein Teil der Ewigkeit. Mir wurde wieder von neuem bewusst: Warum nicht Leid ertragen, wenn es sein muss, warum nicht auf mein Recht verzichten, wenn es sein muss? All das viel lieber erleiden, anstatt die Ewigkeit bei Gott zu verlieren.

1.12. Jacob M. F. Dueck, Kolonie Menno, Paraguay

Meine Mennonitische Weltkonferenz
Da es ein einmaliges Ereignis für Paraguay war, eine Mennonitische Weltkonferenz durchzuführen, entschloss ich mich auch daran teilzunehmen.
Wenn ich nur am ersten Tag teilgenommen hätte, wäre mein Eindruck von der ganzen Veranstaltung nicht so gut gewesen. Die Abwechslung an den verschiedenen Tagen war mir eine gute Erfahrung. Mir persönlich gefiel so das allermeiste, wie der Gesang, die Zeugnisse, die Predigten, etc. Durch die gute Organisation und Leitung verliefen sowohl das Programm wie auch das Essen reibungslos.
Meines Erachtens wurde die Grippewelle etwas überbewertet, als man den Teilnehmern das Händeschütteln beim Begrüßen untersagte. Der Höhepunkt der Veranstaltung fand für mich am Samstagabend statt, als wir alle gemeinsam das Abendmahl feierten. Für mich war dies eine segensreiche Zeit. Gott gab Gelingen und Gesundheit.

1.13. Lena Giesbrecht, Kolonie Menno, Paraguay

Weltkonferenz zweitausend und neun.
Darauf sich schon viele Leute freu'n.
Erstmalig hier in Paraguay.
Dies zu planen sind viele Leute dabei.
ZP 30 uns ständig informiert,
wer pünktlich horcht, den Faden nicht verliert.
Der 14. Juli ist endlich da.
Die Leute kommen von fern und nah.

Gemeinsam unterwegs auf dem Weg Jesu Christi

Wir erhalten unsre Taschen und Namensschild.
Das jeden Tag bei sich zu halten gilt.
Das große „Familienfest" beginnt.
Die Angereisten aus mehr als 50 Ländern sind.

Tief beeindruckt von dem allen-!
Chöre durch die Räume schallen!
Miteinander auf dem Weg zu Jesus Christ,
das Thema aller Boten hier jetzt ist.
Phil. 2, 2 sagt: Seid bereit,
zu erfüllen meine Freude, dass ihr eines Sinnes seid.

Die Macht des Gesanges man hier spürte!
Tausende Sänger, noch nie ich sowas hörte!
Könnt mir nur noch den Himmel schildern,
wo´s noch schöner uns geschildert wird in
Bildern. Dazu noch all die schönen Instrumenten
Die lebhaften Leiter und die Dirigenten!

Manch Albekannte konnten wir begrüßen,
und neue Bekanntschaften hier schließen.
Dann die Ausstellung! Man sieht so viel aus aller Welt,
viel Kunst, viele Bücher ausgestellt.
Man sieht, wie andre Christen leben.
Was die für diese Zeit doch alles hergegeben!

Beeindruckend, wie gut alles war geplant!
Wer´s nicht mitgemacht, der es nicht ahnt.
Tausende Leute zu speisen in einer Stunde,
das muss erlebt sein hier als Kunde.
Das Essen war schön! Am Tisch wir saßen.
Und 2000 zugleich ihre Mahlzeit aßen.

Man könnte noch vieles hierzu sagen.
Vieles wird noch lange Wellen
schlagen. Unser Alltag neu sich füllte
hier mit Mut.

Nicht allen in der Welt geht es wie uns so gut.
Wo immer die verschiedenen Christen sind geblieben!
Wir wissen jetzt: Alle denselben Herrn Jesus lieben.

1.14. Rainer Burkart, Neuwied, Deutschland

(aus Gemeindeblatt der Evangelischen Mennonitengemeinde Neuwied)
Fast 6000 Menschen aus allen Teilen der Welt haben sich im Juli aufgemacht in den paraguayischen Winter. Temperaturen zwischen 1 und 25 Grad Celsius wechselten sich ständig ab. Diesmal konnten jedoch auch viele zum ersten Mal die öffentliche Hauptversammlung (14.-19.7.) mit Gottesdiensten und Bibelarbeiten weltweit im Internet verfolgen.
Vorher fanden Delegiertenversammlungen und Kommissionssitzungen statt. Alle sechs Jahre gibt es neue Delegierte, die dann zusammen mit den alten tagen. Da meine bisherige Aufgabe als Sekretär der Kommission für Glauben und Leben ausläuft, konnte ich der Bitte der AMG nachkommen und die Delegation von Barbara Hege-Galle übernehmen und gehöre der neuen Mitgliederversammlung für sechs Jahre an. Auch in Absprache mit der AMG wurde ich als zweiter europäischer Vertreter ins Exekutivkomitee gewählt, ebenfalls für sechs Jahre.
So geht mein Engagement bei der MWK weiter, bei etwa gleichem Arbeitsaufwand wie vorher, nur sozusagen auf der anderen Seite des Tisches. Bis jetzt war ich ehrenamtlicher Mitarbeiter, nun bin ich im Vorstand. Das ist noch gewöhnungsbedürftig, aber ich fühle mich durch die über 13-jährige Erfahrung als Mitarbeiter für die neue Aufgabe sehr gut vorbereitet. Der zweite Europäer im Exekutivkomitee ist Markus Rediger aus der Schweiz, er ist schon länger dabei. Zum Präsidenten wurde Danisa Ndlovu (bisher Vizepräsident) aus Simbabwe gewählt, den manche von seinem Besuch in unserer Gemeinde im Januar 2008 kennen. Er übernimmt diese Aufgabe von Nancy Heisey (USA), deren Amtszeit abgelaufen ist. Als seine Stellvertreterin wurde Janet Plenert aus Kanada gewählt.
Als neue Mitgliedskirchen wurden kleine mennonitische Konferenzen aus Vietnam, Nepal und Myanmar (Burma) aufgenommen. Es sind nun mehr als 60 unabhängige Konferenzen in ca. 50 Ländern mit ungefähr 1,6 Millionen Mitgliedern.
Die Veränderung der Struktur fand ihren Niederschlag im Beginn der neuen vier Kommissionen der MWK: Frieden, Glauben und Leben, Diakone und Mission. Diese Arbeitsbereiche gab es bereits vorher (ich arbeitete ja im Bereich Glauben und Leben), allerdings wird die Last in jedem Bereich nun auf mehrere Schultern verteilt und es kann besser und nachhaltiger gearbeitet werden.
Zum zweiten Mal fand vor der Hauptkonferenz ein Jugendgipfeltreffen statt. Etwa 800 Jugendliche nahmen daran teil, aus unserer Gemeinde Kristine Isaak.

1.15. - Ruerd Visser, Niederlande

(aus: Weltgemeinschaftssonntag 2010)
Eine Geschichte von der 15. Versammlung der Mennonitischen Weltkonferenz in Paraguay: Einige niederländische Jugendliche, die an der MWK-Versammlung im Juli 2009 teilnahmen, besuchten das Tacumbú-Gefängnis in Asuncion, der Hauptstadt Paraguays. Wir entschieden uns für dieses angebotene Dienstprojekt, weil wir wirklich neugierig waren auf den Einfluss der Mennoniten auf die Arbeit in diesem Gefängnis.

Auf unserem Weg zu diesem Nationalgefängnis erzählte man uns, dass eine bestimmte Abteilung dieses Gefängnisses für Gefangene mit guter Führung von einer mennonitischen Gemeinde in Asunción betreut wird. Hier können Gefangene ihre Kenntnisse und Fähigkeiten zeigen, z.B. im handwerklichen Bereich. Dort gibt es auch eine Bibliothek, eine Kirche, Gelegenheiten für sportliche Aktivitäten, eine Art Supermarkt und andere Dinge. Es sieht aus wie ein kleines Dorf, in dem Gefangene versuchen, sich auf die Rückkehr in die Gesellschaft vorzubereiten.

Wir waren sehr beeindruckt von dieser Initiative der mennonitischen Gemeinde. Als wir durch das Gefängnis gingen, um in den beschriebenen Bereich zu kommen, waren wir ein wenig schockiert über die Umstände, unter denen die Gefangenen leben müssen. Sie beobachteten uns und wir beobachteten sie. Es war eine echte Konfrontation.

Als wir dann in dem Bereich ankamen, der von den Mennoniten betreut wird, fiel uns der große Unterschied auf. Man sah in dieser Abteilung, dass Menschen sich darum kümmern. Noch wichtiger war aber die Hoffnung, die man in den Augen der Leute sehen konnte.

1.16. Benjamin Kraus, Bammental, Deutschland

Am Dienstag (14. Juli 2009) kam ich beim CFA in an, mogelte mich mit meiner Teilnehmerkarte vom Jugendgipfel durch die Menschenschlange an den „Dienern des Friedens", Schüler, die freiwillig die ganze Konferenz hindurch schufteten, um uns einen schönen Kongress zu ermöglichen und teilweise keinen einzigen Gottesdienst mitbekamen.

Beim Anblick dieses riesigen zehntausend Leute fassenden Betonklotzes war mein erster Gedanke: „Wie schön meine Gemeinde in Bammental doch ist; mit ihren vierzig Gliedern" - andere dachten; „Was haben wir falsch gemacht, dass unsere Gemeinden nicht so groß sind?" Das Gebäude sollte zwar schon lange fertig sein, ist es aber nicht, weshalb wir Mennos sozusagen die Megachurch der Pfingstler eingeweiht haben.

Von Anfang an legten die Veranstalter viel Wert auf Seuchenschutz: Es gab kostenlose Maulkörbe und wir wurden angehalten uns mit dem „japanischen Gruß" (also eine Verbeugung, ohne Hände schütteln, oder ähnliche Freudenfeste für Bazillen und Viren) zu grüßen, was wir in gut mennonitisch-anarchistischer Manier ignorierten und unsere Geschwister herzlichst umarmten. Später erfuhren wir über mehrere Ecken, dass die Regierung den Kongress fast abgesagt hätte, weil sechstausend Mennos aus allen Ecken der Erde, die sich einen Dreck um Vorkehrungen sorgen für eine Woche auf einem Haufen sind und danach wieder in ihren Winkel der Erde ziehen, für Epidemiologien ein Albtraum sind, aber die Organisatoren versprachen alles zu tun und wir Teilnehmer beteten und vertrauten auf den Herrn, der uns die Gemeinschaft so bestimmt nicht vermiesen wollen würde – worauf dann ja auch nichts passierte.

Die ersten drei Bibelarbeiten/Predigten wurden von Frauen gehalten, was einige Leute zum Verlassen der Konferenz anregte, oder zu der Furcht die Emanzen würden hier alles übernehmen; glücklicherweise gab es aber auch einige Lateinamerikaner, die das gar nicht störte – der große Sturm der Empörung blieb bis jetzt aus; es gibt Hoffnung.

Der Werkstätten (Workshops) waren derer so mannigfaltig, dass ich mir oft wünschte, der Herr möge die Sonne nicht untergehen lassen, auf dass ich mehr besuchen könnte.

Am Mittwoch forderten mich Ricardo Esquivia, Gründer von Justa Paz in Kolumbien und danach die Church Communities International, vormals bekannt als Bruderhof, mit ihrer noch radikaleren Hingabe zu Gütergemeinschaft, als wir in der Hausgemeinschaft.

Nzuzi Mukawas Predigt am Mittwochabend, darüber, dass der Weg Jesu ein Weg ist, der Gerechtigkeit schafft, hat mich beeindruckt und zum Handeln animiert, weil sie so klar die Ungerechtigkeit in der Welt und in der mennonitischen Kirche aufgezeigt hat und sogar vor sexueller Gewalt, internationalen Schulden, und Sexismus nicht Halt gemacht hat, - andere hat sie aufgeregt, weil sie ein Rundumschlag gegen alles Ungerechte war und keine Hoffnung vermittelt hat.

Donnerstagmorgen führten uns die mennonitischen Ojibway und Cheyenne in ein Dankgebet für die Natur in Stein, Pflanzen, Bäumen und Tieren und für die verschiedenen „Menschenrassen", mit ihren verschiedenen Begabungen. Während der Morgenandacht war es plötzlich stockfinster - Stromausfall. Zunächst waren alle ganz still, dann fingen Leute an mit Blitzlicht die Dunkelheit zu fotografieren und ich fürchtete epileptische Anfälle, oder Panik, aber dann kam das Musikteam auf die Bühne und wir sangen mit Klavierbegleitung, das man auch ohne Strom hören konnte und es war so schön, dass ich ein wenig traurig war als das Licht wieder anging und der Gottesdienst fortfuhr.

Ricardo Esquivia interessierte mich derart, dass ich gleich nochmal zu einem seiner Vorträge ging und Unglaubliches über die Erfolge und Schwierigkeiten in einem Projekt mit Gangmitgliedern in Honduras erfuhr - was alles passieren kann, wenn man die „Bösen" als Menschen wahrnimmt.

Die Predigt von Donnerstagabend hatte ich schon lange erwartet: Dietrich Pana, ein Indigena aus dem Chaco mit deutschklingendem Namen - die Indigenas haben einige Namen von den mennonitischen Einwanderern übernommen;

„Pana" ist die phonetische Schreibweise von „Penner" (typischer Menno-Name) in plattdeutscher Aussprache – predigte über Apostelgeschichte 2, 46-47, dass die erste Gemeinde sich täglich im Tempel und in Häusern traf und täglich wuchs; ein Vers vorher kommt die Gütergemeinschaft vor.

Den Kopf voll der latent, oder offen rassistischen Aussagen, die ich von allen Seiten unter den Mennoniten übereinander hier gehört habe, und der himmelschreienden Ungleichheit zwischen Indianermennoniten, Mestizen-Mennoniten, Mennisten (plattdeutsch für die deutschsprechenden Einwanderer in den Kolonien) erwartete ich eine anklagende Predigt über die Ungerechtigkeit und Vernachlässigung ihrer Geschwister seitens der Mennisten. Aber Bruder Pana ging nicht wie so viele andere Redner auf Konfrontationskurs, sondern betonte die Gemeinschaft unter den Gläubigen und erzählte wie ihn vor dem Gebäude ein Polizist gefragt habe, ob er (als Indigena) auch „menonita" sei, was sich in Paraguay eigentlich nur auf die Mennisten bezieht, und er antwortete

„mit der Kraft des Heiligen Geistes: JA, ICH BIN MENNONIT" – ich schmunzelte und freute mich über dieses Symbol. Alfred Neufeld, der in meiner Nähe saß, lachte so laut los, dass einige Europäer ihn sehr verwundert ansahen und jeder Paraguayer hatte es kapiert: Mennonit sein hat nichts mit der Hautfarbe, oder der Sprache zu tun. Es ist der Glaube an Jesus Christus und der Wille, sein Kreuz auf sich zu nehmen und ihm nachzufolgen.

Die meisten anderen hatten es leider nicht verstanden und waren von der ansonsten etwas simplen Predigt enttäuscht. Die weiteren Predigten waren auch gut, aber keine hatte mich so bewegt und ist mir so in Erinnerung geblieben, wie Dietrich Panas einfache Verkündigung, dass auch er Mennonit sei.

Am Samstagnachmittag war ich im Workshop „Arm und Reich in der Familie des Glaubens", den meine Schwester Miriam zusammen mit Barbara Kärcher hielt. Was sie sagten war sehr gut, nur drangen die Reichen nicht zu den Armen durch und umgekehrt. Wenigstens war ich nicht in Leoni's (meine Gastmutter) Gruppe, wo eine Frau aus dem Chaco behauptete, Arme seien nur zu faul zum

Arbeiten, und vor sonstigen Vorurteilen nur so strotzte.

Der Samstagabendgottesdienst war der eigentliche Abschlussgottesdienst, mit einer sehr guten Predigt von Danisa Ndlovu, dem neuen Präsidenten der MWK und einem bewegenden Abendmahl, bei dem wir uns als ein Leib fühlten, gebrochen für die Welt. Und als Lied danach „Wir werden auferstehen"!

Die Lieder waren sowieso genial; manchmal vielleicht schlecht zum Zusammenhang (nach der niederschmetternden Predigt aus dem Kongo, ein fröhliches Lied – nur, weil es auch von dort her kommt), aber vom Text her genial, wie „Die Engel wurden nicht geschickt die Welt zu ändern, das ist Aufgabe der Menschen" und die Musikgruppe stimmte sich durch die Instrumentenwahl und die Art des Singens unglaublich gut auf die Kultur, aus der das Lied kam, ein.

Der offizielle Abschlussgottesdienst hat mich eher enttäuscht, auch wenn ich verstand, warum man es so gemacht hat, wie es dann war: Die paraguayischen Gemeinden hatten diesen Gottesdienst organisiert, weshalb sie ihre Lieder sangen und nicht die Weltkonferenzlieder, die mir so gefallen hatten. Deshalb waren es auch andere Moderatoren, die mir zu viel Show machten.

Die „Geste des Friedens" zwischen einem Mennisten, dessen Bruder beim Missionsversuch vor mehr als fünfzig Jahren von einer kriegerischen Indigenagruppe ermordet wurde, und einem Indigena aus dieser Gruppe fand ich sehr gestellt und empörend: zum einen, weil der Moderator zweimal (!) den Indigena als „Indio" bezeichnet hat - was ungefähr mit einem Farbigen in den USA „Nigger" zu nennen. Zum anderen sagte der Indigena die ganze Zeremonie kein Wort und er übergab dem Mennisten einen Speer, was für mich ein Symbol der Machtübergabe war - hätten sie den Speer doch zerbrochen, oder eine Sichel daraus gemacht!

Alfreds Predigt war ziemlich gut, nur hätte sie nicht von Liedern unterbrochen werden müssen, deren Texte zwar schön waren, was den nicht Spanisch Verstehenden aber nichts brachte.

Ein klein wenig stolz bin ich auch berichten zu dürfen, dass ich mir nur ein einziges Mal Übersetzung holte – bei Dietrich Panas Predigt -, diese aber gar nicht benutzte, weil der Empfang so schlecht war.

Die Weltkonferenz war auf jeden Fall ein einschneidendes Erlebnis für mich, denn ich habe viele junge und alte Geschwister kennengelernt, die Jesus nachfolgen, wohin er sie führt und mit denen ich in Kontakt zu bleiben hoffe. Ich habe viele Denkanstöße und Ermutigungen bekommen, die mein Gehirn immer noch nicht zur Ruhe kommen lassen und mich hoffentlich noch lange beschäftigen.

1.17. Nelson Aguilera, Asunción

Im Allgemeinen bin ich von der Mennonitischen Weltkonferenz positiv beeindruckt.
- Die Konferenz war sehr gut organisiert und der Versammlungsort wurde sehr gut genutzt.
- Die Bitte um Vergebung der Lutheraner hat mich beeindruckt, sowie auch die Überreichung des Speeres des Ayoreo an den deutschsprachigen Mennoniten aus dem Chaco. Die Frage, die mir da in den Kopf steigt: Wann werden die kulturellen Verletzungen zwischen den Lateinparaguayern und den deutschsprachigen Mennoniten geheilt sein? Wann werden wir uns auch gegenüber stehen und alles, was uns geistlich trennt und hindert analysieren, damit das Reich Gottes ausgebreitet werden kann?
- Die Gemeinschaft mit Brüdern und Schwestern aus verschiedenen Kulturen fand in einem Rahmen der Liebe und Toleranz statt.
- Die Frauen haben eine führende Rolle bekommen. Es zeigt deutlich, dass der Heilige Geist Männer und Frauen berührt und dass Gott somit alle Gläubigen für den Dienst in seinem Reich gebrauchen will. Die Schwester aus Puerto Rico sagte, dass die Gemeinde da ist, um zu dienen, nicht um zu herrschen; der Bruder aus dem Kongo hob hervor, dass ohne soziale Gerechtigkeit nicht Anbetung geschehen kann. Es ist die Aufgabe der Gemeinde, Armen, Ausgegrenzten und Bedürftigen das Evangelium zu bringen.
Ich empfand, dass die Vertreter der Katholischen Kirche zu viele Vorzüge und Lobreden erhielten. Eher wäre es angebracht gewesen, sich bei allen mennonitischen Pastoren und geistlichen Führern aus Paraguay dafür zu bedanken, dass sie seit Jahrzehnten auf Bergen und Tälern das Wort Gottes ausgestreut haben.
Auch wenn es Positives und weniger Positives gab, der Herr wurde durch die 15. Vollversammlung der Mennonitischen Weltkonferenz verherrlicht, und Menschen gesegnet.

1.18. Melvin und Gudrun Warkentin, Yalve Sanga, Paraguay

Sie haben ihre Eindrücke in einem Gedicht hinterlassen, das die Vielseitigkeit der ganzen Veranstaltung veranschaulicht.

M iteinander auf dem Weg Jesu Christi
E inmalige Geleigenheit, als ganze Familie dabei zu sein
N achdenken: Was kann ich von anderen lernen?
N ull Komma fünfundfünfzig Prozent ist der Anteil getaufter Mennoniten an der paraguaischen Bevölkerung

Gemeinsam unterwegs auf dem Weg Jesu Christi

O rganisation bis ins Detail. Beeindruckend!
N amensschild bitte nicht vergessen, denn sonst wird der Eintritt zum Gelände und ins Gebäude verwehrt.
I nternationale Beteiligung: Geschwister aus 50 - 80 Ländern.
T alleres - Workshops, - Seminare = die allerverschiedensten Themen!
I ndianer sind auch Mennoniten! Glauben wir es wirklich?
S chau ich zu jenem Kreuze hin..." auch traditionelle und ruhige Lieder gehören zur Anbetung.
C hristus: Dreh- und Angelpunkt unseres Glaubens.

H akuna Akaita: Beliebtes und lebendiges Lied aus Zimbabwe. Hurra auf die Freiwilligen!
E inigkeit trotz Unterschiede?

W eltweite Glaubensgemeinschaft - Familienfest im erweiterten Rahmen!
E rstmalig in Paraguay
L ange Tage!
T eilnehmerzahl: 6.000+
K eine Langeweile - an Aktivitäten und Abwechslungen fehlte es nicht!
O b klein oder groß, ob jung oder alt - ein jeder konnte teilnehmen. Der älteste Teilnehmer war 92 Jahre.
N eues Gebäude, neue Bekanntschaften!
F riedenszeugnis der Gründer der mennonitischen Bewegung auch heute noch?
E sst das Brot, trinkt den Wein, kommt zu mir, seid nimmermehr hungrig. Das Abendmahl - ein Vorgeschmack auf den Himmel!
R econciliación - Versöhnung - mit Gott, zwischen Menschen und Kulturen, mit der Schöpfung. Möge es eine alltägliche Erfahrung in unserem Leben sein!
E rnährung während der Konferenz: ausgewogen und schmackhaft!
N epal. Wussten Sie, dass es 789 Mennoniten in dem asiatischen Land gibt?
Z eugnis für Paraguay: Hoffentlich mehr als blonde Leute, gute Milch- und Fleischprodukte.

2. Besinnung und Überlegungen

Während die 15. Mennonitische Weltkonferenz in Asunción stattfand, liefen die Geschehnisse in der Welt weiter. Auch die Gewalt hielt nicht an, weil an einem Ort Vertreter einer weltweiten Friedenskirche versammelt waren. In

Indonesien wurde ein Attentat in einem Hotel verübt, und man informierte, dass einer der Verletzten ein Mennonit war. Frau Ruthild Foth aus Deutschland nahm an ihrer
11. Konferenz teil. Ein Indianermennonit macht Schlagzeilen, weil er einem Polizisten klar macht, dass er auch Mennonit ist, für den Durchschnittsparaguayer kaum begreifbar, weil Mennonit für ihn mit heller Hautfarbe und Wirtschaftsfortschritt zu tun hat.

Da stellen sich auch uns erneut Fragen wie: Wer sind wir?... Woher kommen wir? ... Wohin gehen wir? Was war die Konferenz? Familienfest oder Missions- bzw. Evangeliumsbezeugung?

Auf der 15. Mennonitischen Weltkonferenz begegnete man Menschen aller Hautfarben und vieler Ethnien, helle, dunkle, plattdeutsche, spanische, englische, asiatische und afrikanische, und in der Presse hat man sich gefragt, wie es sowas geben kann, dass so unterschiedliche Menschen friedlich und interkulturell den Weg Jesu miteinander gehen, zusammen arbeiten und sich helfen.

Es hat bei manchen dazu beigetragen, dass sich die Angst, Mennonit genannt zu werden, abgebaut wurde. Begegnungen mit Vertretern anderer Konfessionen fanden statt, ein reger Austausch zwischen den verschiedensten Gemeinden, Konferenzen und einzelnen Leuten. Die Welt hat eine Woche lang auf die Mennoniten geschaut, es gab während der Konferenz 3.000 Internetbenutzer, die die Seite der Mennonitischen Weltkonferenz besuchten.

Nach der Konferenz bleiben manche Fragen, die sich nur im Laufe der Zeit beantworten lassen. Hat sich so eine Konferenz, so ein riesiger Aufwand an Arbeit, an Geld, an Reisen, Planungssitzungen und vieles mehr gelohnt? Bleibt der Auftrag, die Liebe Jesu zu leben, nicht nur zu predigen, im Mittelpunkt? Sind wir gemeinsam unterwegs, so wie es das Motto der Konferenz aussagte?

2.1. Welche Auswirkungen, welchen Impact hat die Weltkonferenz hinterlassen?

2.1.1. In Paraguay

In der nationalen Presse ist die Mennonitische Weltkonferenz auf moderates Interesse gestoßen. Das hat wohl ein paar Gründe:
- In einem überaus katholischen Land (etwa 90 %) wird nicht so großes Gewicht auf Ereignisse anderer Konfessionen gelegt
- Man hat nicht das Ziel gehabt, die Medien ständig dabei zu haben,

sondern mehr gezielt informiert und begrenzt Reporter Zugang zu den Aktivitäten verschafft.

Trotzdem sind im Fernsehen Kurzreportagen gekommen, und vor allem in Zeitungen Artikel veröffentlicht worden, wo über die Mennoniten allgemein, ihre Geschichte und Gegenwart berichtet wurde.

Die Zeitungen haben vor der Konferenz Interesse an der Geschichte der Mennoniten allgemein gezeigt, und Berichte über die Vorbereitungen für die Konferenz und deren Inhalt veröffentlicht.

Sie haben gefragt, warum die Mennoniten anders sind, auf verschiedene Kulturen und Völker verteilt. In Paraguay sind die Mennoniten spanisch und deutschsprachig, und auch verschiedene Indianersprachen gehören dazu. Dazu musste erklärt werden, dass Mennonit nicht an Kultur gebunden ist, sondern es geht um den Glauben, die Mentalität. Das ist vielen nicht so leicht verständlich.

Da die Mennonitenkolonien in Paraguay Entwicklungspole, Entwicklungspunkte im Land sind, entsteht immer wieder die Frage nach dem Warum? Sie sind arbeitsam, kreativ und vertreten eine strikte Moral in vielen Fällen. Leider nicht alle. Aber diese Gabe Gottes wird angestrebt. Und viele Lateinparaguayer, die nicht gläubige Christen sind, wollen den Einsatz der Mennoniten haben, würden ihren Charakter nachahmen wollen, aber das Vollbringen fehlt.

Die Mennoniten appellieren immer wieder daran, dass alle arbeiten sollen, um so das Land zu ändern, und dem Menschen so seine Würde zu verleihen, die Gott ihm zugedacht hat.

In Paraguay verlangt man so viel von der Regierung. Sie ist an der Misere schuld, sie sollte alles bieten. Aber, und das ist ein großer Unterschied zu anderen (nicht allen) Leuten: Emsigkeit muss jeder zeigen, jeder muss die Einheit und die Entwicklung suchen. Die Mennoniten tun das aufgrund des Glaubens, nicht auf Grund von politischen Ideologien. Das ist ein weiterer Punkt, der in einem Land, in dem die politischen Ideologien hochgehalten werden, aber wenig Anwendung finden, eine wichtige Rolle spielt, und das Misstrauen viel größer und verbreiteter als das Vertrauen ist.

Einmalig war die Vereinigung von Leitern verschiedener evangelischer und katholischer Kirchen bei der Eröffnung. Das hat wohl die verschiedenen christlichen Konfessionen einen Schritt näher gebracht und auch vielen in einem streng katholischen Land beeindruckt, die gesehen haben, wie die verschiedenen Kirchen sich gegenseitig die Hand gereicht haben und auf einer Versammlung zusammen standen und sprachen, Gott die Ehre gaben. Auf anderer Seite entstand auch Skepsis diesem Phänomen gegenüber.

Es wurde in der Zeitung hervorgehoben, dass eine Kultur der Arbeit und des Fortschritts durch den Glauben, denn die Mennoniten haben und leben, geprägt und gefördert wird. Nach der Bibel sollen die nicht essen, die nicht arbeiten, und das ist ein wichtiger Faktor bei den Mennoniten in Paraguay. Das will man auch auf die Nachbarn übertragen, damit sie sich selber helfen können.

Reporter wollten auch die Meinung mennonitischer Leiter auf der Konferenz zu politischen Gegebenheiten in Lateinamerika wissen. Alfred Neufeld, Koordinator und Leiter der Konferenz, äußerte sich nur knapp dazu, betonte jedoch, dass es besorgniserregend sei, dass es vielmals an einer klaren politischen Einstellung der Regierungen den sozialen Problemen oder der Unsicherheit gegenüber fehle. Viele seien frustriert, weil sie die Unklarheit der Regierungspolitik ermüde. Vielmals sei der Begriff Bauer heute gleichgestellt mit arbeitslos und entwurzelt. Könnte diese Unsicherheit auch wieder dazu führen, dass Mennoniten den Wanderstab ergreifen und sicherere Zonen suchen?

In Paraguay sind die Mennonitenkolonien die Zonen, wo es von den höchsten Pro-Kopf-Einkommen zu verzeichnen gibt. Dazu trägt die Solidarität und ihr Kooperativs-System bei. Klassenkämpfe müssten auch im Land vermieden werden. Die Gesellschaft muss gebaut werden, ohne zu zerstören, ohne gewaltsame Konfrontationen zwischen den Beteiligten. Wichtigster Faktor dabei ist der gemeinsame Grund, der Glaube, wodurch die Würde des Menschen hervorgehoben wird und die Arbeit und Solidarität sich aufbauen.

Die Zeitung schrieb, dass die Mennoniten stolz darauf sein können, in 80 Jahren eine unwirtliche Zone, den Chaco (Grüne Hölle genannt), in ein Fortschrittsgebiet zu verwandeln. Die Friedenstheologie der Mennoniten hilft den Bauern, und dadurch verbreiten sie ihren Glauben, ihre Arbeitsamkeit, etwas, das man meint das Paraguay schon immer nötig hatte, nicht die Diktatur. Der paraguayische Staat braucht ein System der Solidarität, nicht der Konfrontation der Klassen, in der die Armen nie aus ihrer Armut heraus kommen. Auch wenn die Erfahrungen nur in den Kolonien sind, meint man doch, dass das Konzept einleuchtend ist und den gewaltsamen Klassenkampf ersetzen müsste. Durch die grausamen Erfahrungen unter dem Kommunismus in Russland, die die Mennoniten noch nicht vergessen haben, befürchten manche, dass der Sozialismus des 21. Jahrhunderts, wie mit Hugo Chávez in Venezuela, zurück zu dieser Form führen könnte, ganz im Gegensatz zu demokratischen Konzepten, die das Privateigentum und die Freiheit der Völker fördert.

Larry Miller, der Generalsekretär der MWK, sagte in Paraguay, dass die Mission der Mennoniten darin besteht, den Bedürftigen zu dienen. Harte Arbeit und Gemeinsamkeit haben die Mennoniten in Paraguay zu Wohlstand gebracht, meinte er, und die Abgesondertheit habe jetzt ein Ende, um jetzt den Bedürftigen um sich Hilfe zu leisten, nicht nur hier, sondern in der ganzen Welt. In Lateinamerika, Asien und Afrika sind die Herausforderungen wirtschaftlicher Art, da es viel Armut gibt, in Europa und Nordamerika dagegen muss dem Modernismus Einhalt geboten werden. Neue Leiter werden benötigt, da die Zahl der Mennoniten weltweit schnell zunimmt.

Heute wollen die Mennoniten mit anderen zusammen sein, sich austauschen. Den Geist der Toleranz und des Austausches bemerkte man auch auf der Konferenz in Asunción, wo der Kontakt mit Leitern anderer Konfessionen wie Katholiken, Methodisten, Lutheranern, Juden usw. gepflegt wurde. Nicht alle Mennoniten sind einverstanden, wenn Annäherungen mit anderen Konfessionen gesucht werden, aber viele finden es als einen Weg, Christus gemeinsam zu suchen und zu verherrlichen. Jesus Christus folgen, meint Miller, bedeutet den Armen, Hungernden Aufmerksamkeit schenken und soziale Gerechtigkeit suchen.

Es ist die Mission der Mennoniten weltweit, meinte Miller, den Leuten zu dienen, die wirklich in Not sind, ohne Ansehen der Person, ohne Rücksicht auf Kultur oder Religion, und genauso wichtig ist es, durch die Evangelisation so viel Leuten wie möglich die Liebe Jesu Christi nahe zu bringen. Der Friedensdienst stehe dabei im Mittelpunkt, jedoch ohne viel Aufsehen zu erregen, weil es nicht im Sinne der Mennoniten sei, die Arbeit in der Öffentlichkeit anzupreisen. Auch wenn zur Zeit der Mennonitischen Weltkonferenz fast die ganze Welt in Aufruhr stand, weil die Grippe H1 N1 in vielen Ländern Opfer forderte, so blieb die große Versammlung im CFA davon verschont.

Dass in Paraguay so eine große Versammlung abgehalten werden konnte, ohne große Zwischenfälle negativer Art, hatten mache nicht erwartet, wurde von Organisatoren nach Abschluss der Konferenz geäußert. Das war wohl auch nur möglich, weil es Hunderte von Freiwilligen gab, die fast pausenlos Tag und Nacht im Einsatz waren, ohne selber viel vom Inhalt der Konferenz mitzubekommen.

Kontakte mit Vertretern anderer christlicher Konfessionen im Laufe der Konferenz beeindruckten, sorgten für Skepsis und auch für Zustimmung. Leute aus unterschiedlichem Hintergrund trafen sich und tauschten sich aus. Ist es ein Zeichen dafür, dass sich durch den Glauben an Gott ein konstruktiver Dialog der Kirchen anbahnen kann, an dem auch Mennoniten beteiligt sind? Kann man die globale, sehr zersplitterte Christenheit überhaupt zusammenbringen, wenn man an die sehr unterschiedlichen kulturellen und ideologischen Hintergründe der Völker denkt, und dazu noch die verschiedenen theologischen Ansichten, die Kirchen in vergangenen Zeiten abgrundtief getrennt und zersplittert haben? Alfred Neufeld, Präsident des Organisationskomitees, meinte der Presse gegenüber dazu: *„Es wird ein sehr schwerer Auftrag, wenn wir die Entfernungen zwischen den unterschiedlichen Kulturen beachten."*

Im Rückblick muss auch mit Sicherheit die große Aufmerksamkeit der Schöpfung gegenüber hervorgehoben werden. Und wir dürfen als Mennoniten in Paraguay zu diesem Thema weder schweigen noch passiv zuschauen. Denn die Natur, die in den Jahren der Ansiedlung und der Stabilisierung der Siedlungen ein zu bekämpfender Feind war, dem gegenüber man zuerst vielmals unterlegen war, dann durch die Mechanisierung stark die Überhand gewann und (fast) rücksichtslos auf sie losging, um sie endgültig zu besiegen und auszubeuten, ist heute weder Feind noch Schädling, sondern vielmehr Verbündeter geworden, den man schonend behandeln und vorzüglich pflegen sollte. Es ist ja auch unser Auftrag von Gott, diese zu schützen.

Kann man das Ziel, ohne Konflikte zu arbeiten, überhaupt einhalten, wenn man die Vielseitigkeit allen der Mennoniten weltweit sieht?

Sind wir wirklich so friedfertig, wie es oftmals gegenüber Medien dargestellt wird, und der Eindruck wurde ja auch weitgehend im Laufe der Konferenz vermittelt. Wir nehmen uns vor, vorwärts zu streben, stellen Arbeit ganz hoch oben an, und übersehen dadurch die Schwächen in uns oder im Nächsten, die Müdigkeit oder die Angst vor dem Versagen, die viele in sich tragen. Erbitten wir uns da Weisheit von Gott, um diese Schwierigkeiten nicht nur zu erkennen, sondern auch zu bekennen und zu bekämpfen? Ist das möglich, ohne dass Konflikte entstehen, auch in Gemeinden und Konferenzen? Bedeutet Frieden anstreben, Probleme zu untertuschen und zu unterdrücken?

Um Konflikte aus dem Wege zu gehen, suchen manche auch den Weg in die Absonderung, sowohl Einzelne als auch Gruppen. Absonderung von Problemen, wodurch neue Hindernisse entstehen. Oder stürzen wir uns in die Arbeit, um Konflikte in der Emsigkeit des Alltags, in der unendlichen Geschäftigkeit zu ersticken, so dass andere doch wieder unser Vorbild des Fleißes anstreben, ohne zu sehen, dass dahinter doch viele Probleme stecken? Übersehen wir durch unsere Geschäftigkeit den Nächsten, der leidet, der unterdrückt wird, der selber keinen Ausweg aus seiner Lage findet, aber dem wir Hilfe und Beistand leisten können?

Gemeinsam unterwegs, hieß das Motto der Weltkonferenz. Wir sind aufgefordert, in diesen gemeinsamen Wegen den anderen nicht zu überrumpeln, zu überrollen, zu unterdrücken und auszugrenzen, so dass er sich isoliert und verliert.

2.1.1.1. Ein verändertes Bild der Mennoniten?

Die Konferenz hat wohl schon einen Einfluss auf das Bild der Mennoniten in der nationalen Bevölkerung hinterlassen. Vor allem bei denen, die sich über die Medien informieren. Manche Mennoniten haben gesagt, dass sie vorzüglich behandelt wurden (von Taxifahrern, in Hotels, in Geschäften), weil die Leute davon gehört hatten, dass viele Ausländer kommen würden. Allgemein hat der Paraguayer großen Respekt vor Ausländern.

Ein paar Beispiele:

- Auf dem Rückweg in den Chaco haben wir an einer Tankstelle angehalten. Die Leute sagten, dass sie von der Konferenz gehört hatten und waren von dem Ereignis beeindruckt.
- An einem Kiosk, wo manche Ausländer, Konferenzbesucher immer wieder vorbeikamen, wurden diese mit einem „Que Dios te bendiga" (Gott segne dich) verabschiedet. Ob von Herzen oder nur weil sie es so kopiert hatten, wird man wohl nicht nachgeprüft haben.
- In Paraguay wird Mennonit sehr oft mit einer Volksgruppe (hellhäutig, blond, deutschsprachig, u.s.w.) verbunden. Dass es Mennoniten in vielen Sprachen, Ländern und Kulturen, ja sogar in allen Hautfarben und aus allen Kontinenten gibt, wird vielen ganz neu gewesen sein. Die Begegnung zwischen dem Indianerprediger Dietrich Pana und dem Polizisten bestätigt dieses. Der Polizist hatte wohl schon von Mennoniten gehört, aber nicht gesehen, dass auch Indianer zu den Mennoniten gehören. Einem nicht blonden Mennoniten zu begegnen, hat ihn wohl (und bestimmt auch manchen anderen Paraguayer) umgehauen. Ob dieses dazu beiträgt, dass sich das Bild um den Begriff Mennonit auch bleibend ändert, kann man ja nicht so schnell beurteilen.
- Viele Besucher haben vor, während und nach der Konferenz verschiedene Mennonitenkolonien, Projekte der mennonitischen Vereinigungen auf geistlichem, sozialem oder wirtschaftlichem Gebiet kennen gelernt und Kontakte mit Leuten und/oder Institutionen hergestellt. Dadurch werden wohl noch manche Bindungen für die Zukunft bestehen bleiben, um gemeinsam am Werk Christi zu arbeiten. Ein Beispiel: Ein mennonitischer Pastor wurde einige Wochen vor der Konferenz von Eindringlingen überfallen und schwer mit dem Messer verletzt. Leute aus den USA hatten davon gehört. Sie haben für diesen Pastor gebetet und einen ihrer Mitglieder beauftragt, hier Kontakte mit den Betroffenen und der Gemeinde aufzunehmen.
- Wenn die Mennonitische Weltkonferenz unter vielem anderen auch als eines der beeindruckendsten und am meisten beeinflussesten Ereignisse in den letzten Jahrzehnten in der Geschichte Paraguays dargestellt wurde: Ist es uns bewusst, dass dieser Einfluss nicht mit der Konferenz aufgehört hat? Danach sehen manche Nicht-Mennoniten eher noch kritischer und aufmerksam auf das, was

„wir" tun. Und sie sehen dann auch, wenn wir von gemeinsam sprechen, dass wir besonders „uns" meinen, alle die, welche zu unserer Gemeinde gehören, und hoffentlich auch zu unserer Kultur und Sprache.

- Wir heben gerne hervor, dass Werte wie Glaube, Disziplin, Einheit, Moral, Organisationstalent, Ehrlichkeit und Liebe zur Arbeit unsere Grundlagen sind, auf die wir unser Leben, unsere Gemeinschaft und unseren Wohlstand gebaut haben. Die Frage ist auch: Sehen wir in diesem internen Kontext auch die Umgebung, in der wir leben, und an der noch viele andere teilhaben (möchten)?

- Wir nennen uns gerne als Beispiel für die gute Organisation eines Events. Klar, auch die 15. Weltkonferenz der Mennoniten war gut organisiert, und mancher nicht Beteiligte war tief beeindruckt, wie so viele Menschen zusammenkommen konnten, ohne dass es auf lokaler oder nationaler Ebene zu einer Katastrophe im Verkehr oder zu einem Chaos in der Versorgung und Unterbringung derselben kam. Deshalb sagte man: *„Die Mennoniten haben uns eine wichtige Lektion erteilt, wie man organisiert, weil sie Gott und die Arbeit lieben, ehrlich und hingebungsvoll dabei."* Leben wir es auch da aus, wo andere Menschen diese Hingabe von uns erwarten bzw. brauchen, damit sie selber vorwärts kommen können?

- Auch wenn wir bzw. unsere Namen kaum in den Zeitungen Paraguays erscheinen, oder in den Radiosendern Asuncións fast nie ein Interview mit Mennoniten gemacht wird, so sollten wir doch anstreben, mit unserer Entwicklung zusammen den Bedürftigen nicht zu übersehen. Es ist wohltuend, wenn wir als die Emsigen, die Erfolgreichen, unabhängig vom Staat angesehen werden. Es ist unsere christliche Pflicht, unsere Fähigkeiten und unsere Anstrengungen zum Wohle der weniger Begabten einzusetzen. Nicht aus den Werken großes Aufsehen machen (figuretis), sondern unser soziales Gewissen noch weiter schärfen, um so die weniger Privilegierten zu suchen, zu finden, zu sehen und in Liebe zu dienen; Reichtum verteilen. Das bedeutet nicht nur, materiellen Reichtum zu geben, wir haben viel mehr, ein Modell, das bis über die Grenzen des Lebens und des Todes hinaus reicht. Dazu müssen wir uns immer wieder die Gnade, die Liebe und die Barmherzigkeit von Gott erbitten. Anstrengung und Entschiedenheit kennen wir, durch die Gaben Gottes wird der gemeinsame Weg des Dienens weiter Segen für Geber und Beschenkte bringen.

2.1.2. In den Gemeinden

Cornelius K. Harder, Paratodo (Menno, Paraguay)
Wenn man auf die Mitgliedskarte der Mennoniten in aller Welt schaut und die Länder zählt, wo Mennoniten wohnen, kommt man auf mindestens 80

Länder. Afrika ist der Kontinent, der die meisten Mennoniten zählt (593.506). Danach folgt Nordamerika mit 520.149 getauften Gliedern, Lateinamerika und die Karibik mit 168.481, Europa mit 64.740 und Asien und Pazifik mit 265.425 Mennoniten.

Auffallend ist, wie wenig Mennoniten in Europa wohnen, da es doch der Erdteil ist, wo das Wiedertäufer- und Mennonitentum entstand. Ist es vielleicht an der Zeit, dass Europa, das christliche Abendland, mennonitisiert (evangelisiert) werden muss???

Das Land mit den meisten Mennoniten sind die Vereinigten Staaten von Amerika. Dann folgt Kongo, ein Land aus Afrika. In Südamerika ist es Paraguay mit den meisten Mennoniten (30.917). Zur Erklärung muss gesagt werden, dass es sich bei all diesen Zahlen um getaufte Glieder handelt. Wenn das nicht der Fall wäre, würden die Zahlen von Bolivien und Mexiko viel höher zu stehen kommen als Paraguay. Die Auffassung, die lange Zeit bei vielen Mennoniten geläufig war und bei manchen auch heute noch ist, dass ein Mennonit eine helle Hautfarbe hat und Englisch, Deutsch und Plattdeutsch sprechen muss, trifft bei weitem nicht mehr zu. Wer auf der Weltkonferenz in Asunción zugegen war, hat sich dessen bewusst werden müssen. Auch wir hier in Paraguay haben viele Mennoniten, die aus anderen Kulturen kommen als von der deutschen Kultur und daher auch nicht Deutsch oder Plattdeutsch sprechen, aber Mennoniten sind, weil sie die Täufer- und Mennonitentheologie (Lehre) angenommen haben.

Und dass die Mennoniten bei weitem nicht alle die traditionellen Lieder aus unseren Gesangbüchern singen, ist uns auf der Weltkonferenz zur Genüge zu Ohren gekomen. Das sagt aber nicht, dass das Liedgut, das auf der Konferenz gesungen wurde, nicht christusorientiert war. Der Inhalt der Lieder war gut, insofern wir an Anbetungslieder denken. An mennonitischer oder täuferischer Theologie war es manchmal doch sehr begrenzt bezüglich der Themenvielfalt. Auch das mehrstimmige Singen ist wohl bei den meisten Kulturen nicht so beliebt als es bei uns ist. Und doch wurde bei den altbekannten Liedern kräftig mehrstimmig gesungen. Etwas mehr von den traditionellen Kernliedern hätte man in dem internationalen Liederbuch für die Mennonitische Weltkonferenz einschließen können. Teilnehmer aus anderen Kulturen würden bestimmt anders urteilen. Aber das muss gesagt werden: Die Gruppe, die sich für den Gesang verantwortlich machte, hatte sich super vorbereitet. Der Gesang ist auf der Konferenz nicht zu kurz gekommen. Und die verschiedenen Musikstile die dabei zum Zuge kamen, werden bestimmt nicht allen gefallen haben. Aber wichtig sind ja die Inhalte, der Stil spielt eine untergeordnete Rolle. Natürlich sollte der Musikstil demgemäß sein, dass der Text zu verstehen und christuszentrisch ist.

Ja - was hat uns so eine Konferenz außer der einwöchigen Gemeinschaft mit verschiedenen Kulturen und Sprachen gebracht?
Die über 100 verschiedenen Arbeitsgemeinschaften an den Nachmittagen, die artistischen Darbietungen, die verschiedenen Fahrten und vieles, vieles mehr, was angeboten wurde. Wird es mit dem Abschluss der Konferenz auch mit allem zu Ende sein? Natürlich wird noch vieles in Zeitschriften veröffentlicht werden, was auch schon geschehen ist. Auf anderen Stellen ist schon in den Gemeinden von den Teilnehmern informiert und es sind Lieder gesungen worden, die auf der Konferenz gesungen wurden! Auch in der Schule von Paratodo wurden schon Lieder eingeübt, die auf der Konferenz gesungen wurden. Die Gruppe, die aus Paratodo an der Weltkonferenz teilnahm, hat schon eine Auswertung gemacht, wo jeder Teilnehmer seine Erlebnisse und Eindrücke mitteilen durfte. Das alles ist sicher gut, aber ich denke, etwas mehr müsste aus so einer Konferenz rausspringen. Ein Beispiel möchte ich erwähnen: Eine Gruppe aus dem Kongo fuhr nach Friesland, um sich das Projekt anzusehen, das die Friesländer mit ihren Nachbarn schon mehrere Jahre auf wirtschaftlicher, sozialer und geistlicher Ebene machen. Ihr Ziel war es, zu sehen, ob bei ihnen ähnliches gemacht werden könnte. Vielleicht wird sie auch noch auf anderen Stellen gewesen, wo ähnliches gemacht wird.
Frage: Was, wenn diese Leute nun die Bitte haben werden, ihnen mit ähnlichen Projekten in ihrem Land zu helfen? Werden wir bereit sein, praktisches Christentum in die Tat umzusetzen?
Was ist mit all den Arbeitsgemeinschaften, bzw. was bleibt von den vielen wertvollen Informationen? Wird darüber berichtet oder nach Möglichkeiten Redner einladen, um in den Gemeinden und Gemeinschaften zu informieren und das verarbeitete Material auch anderen zugänglich machen? Werden die persönlichen Kontakte, die mit Personen aus verschiedenen Erdteilen und Kulturen gemacht wurden, dazu führen, dass man auf Reisen geht und sie besucht oder sie auch einlädt? Bei manchen würde es dann auch heißen, finanziell mitzuhelfen.
Wird unser Landesvolk nachträglich von der 15. Weltkonferenz auch noch profitieren? Bei manchen Polizisten und anderen Beobachtern ist wohl die Frage aufgekommen, was denn wirklich Mennoniten sind. Werden wir in Zukunft eine bessere Bewusstmachung unter unserem Landesvolk machen, dass Mennonit nicht mit Hautfarbe noch mit viel Geld und Kapital zu tun hat, sondern eine konsequente Nachfolge bedeutet, die im täglichen Leben zu sehen ist, wo Jesus Christus als Herr unseres Lebens gelebt wird. Die gute Organisation auf der Konferenz, die gelungenen Darbietungen und die gute Beköstigung und Aufnahme in den Heimen sollte nicht das Ende so einer

Konferenz sein. Die Theologie der Täufer und Mennoniten ist biblisch fundiert, diese muss gepredigt, gelehrt und gelebt werden.

Nach den Statistiken der Mennonitischen Weltkonferenz gibt es im Jahr 2009 weltweit 1 612 301 getaufte Mennoniten. Etwa 6 000 nahmen an der Konferenz in Asunción teil. Das sind 0,37%. Sehr wenige, aber doch viele für eine Konferenz. Wenn ein jeder Teilnehmer sich zur Aufgabe macht, etwas von dem, was er auf der Konferenz gelernt und erlebt hat, an andere weiter zu geben, kann bestimmt ein großer Segen daraus entstehen.

So eine Konferenz ist wohl nicht dazu gedacht, tiefgreifende theologische Vorträge in der Vollversammlung zu bringen. Aus dem Grunde wurde wohl auch der Leittext aus Philipper 2 gewählt. Auch bei den Einladungen wurde immer wieder betont, dass wir die weltweite mennonitische Gemeinschaft kennen lernen und als Glaubensgemeinschaft dementsprechend auch Kontakt haben wollten. Dieser Aspekt kam auch richtig zum Zuge. Auch die meisten Predigten in der Vollversammlung waren demgemäß zugeschnitten. Trotzdem hätte ich persönlich etwas mehr von unserer mennonitischen täuferischen Theologie in den Predigten gehabt.

Die eine Predigt von einem Afrikaner wurde meines Erachtens zu einseitig betont. Wenn man die Armut der Völker nur den Kapitalisten und Regierungen in die Schuhe schiebt, scheint mir zu einseitig zu sein. Aus Erfahrung wissen wir, die wir in Paraguay mit verschiedenen Kulturen zusammen leben, dass es Kulturen gibt, vor allem bei den indigenen Volksgruppen, wo es den Einzelnen kaum möglich ist, zu einem großen Kapital zu gelangen; denn dann wird er als geizig und habsüchtig gestempelt und von ihrer Volksgruppe nicht mehr akzeptiert.

Es gibt ja auch unter uns Deutsch sprechenden Mennoniten so etwas, dass Personen mit den gleichen Möglichkeiten finanziell sehr verschieden wirtschaften. Die Gaben sind eben verschieden; aber auch die Interessen. Wenn dann in Vorträgen oder Predigten die Reichen als die schwarzen Schafe gestempelt werden, scheint mir von biblischer Sicht auch nicht richtig zu sein; denn irdischer Reichtum wird im Alten Testament auch als Segen Gottes bezeichnet.

Bei den Patriarchen wie Abram, Isaak und Jakob finden wir diesen Bezug zum irdischen Reichtum als einen klaren Beweis von Gottes Segen. Und wenn wir die Sprüche lesen, so ist auffallend, wie viel darüber zu finden ist, dass Gott den Aufrichtigen mit materiellen Gütern segnet. Natürlich gibt es manche Kapitalisten, auch in den mennonitischen Kreisen, die den irdischen Reichtum nicht nach biblischen Prinzipien anwenden, indem sie die Notleidenden gebührend unterstützen. Aber wir haben auch manche Kapitalisten, die eine gesunde Einstellung zum Geld und Kapital haben und schon viele Armen unterstützt haben. Den Regierungen und Wohlhabenden alleine die Schuld für die Armut mancher Volksgruppen zuschieben ist meines Erachtens kein weiser Weg, um die Armut in der Welt zu beseitigen. Bei vielen Volksgruppen und auch einzelnen Personen fehlt einfach die Fähigkeit, Geld und Kapital richtig zu verwalten. Und bei vielen fehlt auch die Lust zum Arbeiten. Vor einigen Jahren kam über den Radiosendern ZP-30 ein Bericht über einen Palästinenser, der 110 Jahre alt war. Als man ihn fragte, worauf er sein hohes Alter zurückführe, sagte er, er habe versucht sich gesund zu ernähren. Er aß einen Apfel am Tag, ein Joghurt und etwas Olivenöl. Und, sagte er, er habe keinen Tag im Leben gearbeitet. Dieser Mann sah die Arbeit als ein Hindernis an, um alt zu werden.

Paulus schreibt aber an die Thessalonicher, wer nicht arbeiten will, der soll auch nicht essen. Und in Sprüche wird der Faule aufgefordert, zur Ameise zu gehen und von ihrem Arbeitseifer zu lernen.

Als im Jahre 1975 an einem Tag in einer Tageszeitung von einem Mann, der auf einer Insel im Paraná lebte und schon 135 Jahre alt war, informiert wurde, war interessant, was er zu seinem hohen Alter zu sagen hatte. Er sagte, er stehe morgens früh auf, trinke Mate, frühstücke und dann fuhr er mit einem Ruderboot zu einer anderen Insel in der Nähe, wo er seinen Garten angelegt hatte und ihn selber pflegte. Für ihn war Arbeit eine Lebenserfüllung, die ihm Glück, Segen und Freude brachte.

Auf dem Gebiet der richtigen Finanzverwaltung muss noch viel getan werden, und wir als gut organisierte Kolonien in Paraguay haben hier einen Auftrag.

Zusammenfassend: Die Organisation war sehr gut, Philipper 2 wurde praktisch angewandt. Die Predigten zu diesem Text wurden in leicht verständlicher Art gebracht. Bis auf den Sonntagvormittag lief alles gut. Die Anbetungszeit am Sonntagvormittag war übertrieben laut (Musik), und zu viel Spektakel (unnötige Bewegungen dabei). Verstehen kann ich auch nicht, wie ein Mann mit Doktortitel seine Predigt zum großen Teil improvisierte, wo wenig Kern enthalten war. Wenn die Konferenz am Samstagabend mit dem gemeinsamen Abendmahl abgeschlossen hätte, hätte sie einen besseren Eindruck hinterlassen, denn die Abendmahlsfeier war gut organisiert und beeindruckend.

2.1.3. Über die Landesgrenzen hinaus

Für die 15. Mennonitische Weltkonferenz hatten sich 6.204 Teilnehmer eingeschrieben, von denen 3.109 aus Paraguay kamen.
Vor und nach der Vollversammlung in Asunción gab es die verstreute

Konferenz, zu der sich die aus dem Ausland Anreisenden vorher anmelden mussten. Diese machten dann Tours in verschiedene Teile des Landes. Auch in den Chaco kamen nahe an 1.000 ausländische Besucher. Diese bereisten die Chacokolonien und Yalve Sanga, um so das Leben unter den deutschsprechenden Mennoniten und der Umgebung kennen zu lernen.

Schon vor der Konferenz, am Samstag, dem 11 Juli, während einer Sitzung der MWK Mitgliederversammlung, übergab Nancy Heisy, die bisherige Leiterin der MWK aus den USA, die Aufgaben des Präsidenten an Danisa Ndlovu aus Simbabwe. Sie gab Danisa einen Hammer, der von Präsident zu Präsident weitergereicht wird. *„Ich weiß, dass die Zukunft in Gottes Händen liegt"*, sagte der neue Präsident der MWK. *„Mein Gebet ist, dass wir weiterhin nach Gottes Willen für die Arbeit der MWK suchen."*

Alle diese Eindrücke, die hier entstanden, wurden mit in fremde Länder und Kontinente genommen. Sind dort auch weiter mennonitische und andere Christen

„Miteinander unterwegs auf dem Weg Jesu Christi", nach Philipper 2, 1 - 11.

Man bekam zu hören, wie man in Asien, Afrika, in Nordamerika, in Europa oder auch in Paraguay bei den Negern, den Weißen, den Indianern oder „Latinos" singt und Gott Lob und Anbetung bringt. Es wurden verschiedene Bibelabschnitte gelesen und dazu manche Anspiele gemacht. Das machten einzelne Personen oder Gruppen aus ganz verschiedenen Gemeinden und Konferenzen. Dann traten immer wieder Leute auf, die aus ihren Erfahrungen aus dem Bereich der Mission und des Dienstes weltweit berichteten: Arbeit in Bolivien, in den Vereinten Nationen, in Russland, Vietnam oder Mittelamerika u.a.

Es wurde immer wieder stark betont, ja sogar gefordert, dass wir uns mehr in den Dienst der Leidenden, der Bedürftigen, der Abgesonderten und Ausgestoßenen stellen sollen. Das sei unser Auftrag in dieser Welt, den Frieden Christi durch Dienen zu allen Völker und Nationen ohne Unterschiede zu bringen.

Geht dieser Auftrag auch im Blick auf die Geschehnisse der heutigen Zeit auszuführen? In einer Welt, in der Armut, Not und Verbrechen ohne Halt zuzunehmen scheinen?

Es ist eine große Herausforderung, den Weg Jesu Christi zu gehen, wenn Hunger herrscht, wenn Verbrechen an der Tagesordnung sind, wenn Verfolgung geschieht. „Wenn wir die Welt beeindrucken wollen, soll Christus unser Vorbild sein", sagte Danisa Ndlovu. Wollen wir die Welt beeindrucken? Bestimmt, aber nach dem Vorbild Christi?

Alle gemeinsam feierten wir dann das Heilige Abendmahl, das wohl bei diesen Tausenden Versammelten schneller von statten ging als manches Mal in einer kleinen Gemeinde, da es sehr gut organisiert war und alle positiv mitmachten. Erwarten wir, dass wir bei Jesus eine Völkervielfalt vortreffen werden, die noch größer ist als die auf der Mennonitischen Weltkonferenz in Asunción, oder als die weltweite Mennonitenschaft überhaupt?

Nach dem Gottesdienst begann die Aufbruchsstimmung sichtbar zu werden. Immer mehr Leute sah man mit dem Handgepäck umhergehen, Menschen fielen sich in die Arme und verabschiedeten sich, um wieder heimwärts zu reisen. Die Zeit der Gemeinsamkeit ging dem Ende zu. Freuen wir uns auf ein Wiedersehen im Himmel mit denen, die nicht so sind wie wir, die eine andere Heimat hier auf Erden haben und eine andere Vorstellung von Versöhnung, Himmel und Erlösung?

Auch wenn die Mennoniten weltweit in mehr als 100 Konferenzen und Vereinigungen organisiert sind und ihre Art, Gottesdienste zu gestalten, Gott zu loben und anzubeten, unterschiedlich ist, so steht doch der Glaube der Väter im Mittelpunkt. Und das Motto der Konferenz, „Miteinander unterwegs auf dem Weg Jesu Christi", sollte auch Ziel des weiteren Glaubenslebens sein. Die Konferenz hat dazu beigetragen, dass sich viele Gläubige nach Philipper 2, 1 gegenseitig ermutigt haben, Christus nachzufolgen. Die Taten des Dienstes werden folgen.

Was bleibt?

Die Erinnerung an ...

... die vielen Begegnungen mit Menschen aus mehr als 60 Ländern.

... der Tatsache, dass Mennonit sein mit Glauben, nicht mit Hautfarben zu tun hat.

... die vielen Bilder, Gegenstände und Zeugnisse, die die bunte Vielfalt der Mennoniten darstellten.

... die Berichte aus der mennonitischen Mission in vielen Teilen der Welt, wo Menschen Hilfe benötigen.

... die unterschiedlichen Formen, wie Gott durch Menschen eines Glaubens angebetet, gelobt und verherrlicht wird (werden kann).

2.1.3.1. Bolivien

Der Menno-Bote aus Santa Cruz in Bolivien vom September 2009 widmete einige Seiten in Texten und Bildern den Ereignissen in Asunción. Herr

Hans Schroeder schrieb unter anderem: auf der Seite 5: *„Eine der vielen Fragen, die ich mir vorher stellte, war auch, was der Zweck einer solchen Konferenz ist. Ich wusste, dass der Gottesdienst ein wichtiger Teil war, aber da musste doch mehr sein, dachte ich. Schon bald nach unserer Ankunft in*

Asunción (nach einer 23- stündigen Busfahrt von Santa Cruz, Bolivien), erfuhr ich mehr... Unsere Tage begannen gewöhnlich um 6 Uhr morgens und endeten um 10 Uhr abends...Wir wurden täglich von verschiedenen Predigern durch das Wort Gottes aufgerufen, den obigen Anleitungen zu folgen. Es wurde auch viel über die Bewahrung der Schöpfung Gottes gesprochen. Wir, als Volk Gottes, sind für die Bewahrung der Schöpfung Gottes verantwortlich...
An einer Weltkonferenz teilzunehmen ist eine besondere Sache. Die vielen Menschen, die man dort trifft und die Erlebnisse, die man da hat, kann mannigfach nur als ... UNBESCHREIBLICH beschreiben! Es ist für uns, die wir in den Schranken unserer kleinen mennonitischen Welt leben, erfrischend, daran erinnert zu werden, dass die weltweite christliche Familie tatsächlich größer und vielfältiger ist, als die Welt innerhalb der vier Wände unserer Kirche. Auch ich wurde daran erinnert, dass mein mennonitisches Erbe nicht das Einzige ist. Wir hatten jedoch alle auf der Konferenz unseren Glauben an Jesus Christus gemein. Dieser Glaube verbindet uns als Geschwister im Herrn. Lasst uns auf dem Weg Jesu Christi zusammen weitergehen!"

2.1.3.2. Weltgemeinschaftssonntag am 24. Januar 2010

Da am 21. Januar 1525 die erste Taufe der Täufer in Zürich in der Schweiz stattfand, feiert seit einigen Jahren die weltweite mennonitische Glaubensfamilie den „Weltgemeinschaftssonntag". Der Weltgemeinschaftssonntag erinnert an die gemeinsamen Wurzeln und feiert unsere weltweite koinonia (Anteil nehmende Gemeinschaft). Meistens ist es der vierte Sonntag im Januar. Was hat dieser Sonntag mit der MWK zu tun?
In diesem Jahr wurde das Thema der MWK Vollversammlung weitergeführt. Das Motto: „Weitergehen im Sinne Jesu Christi". Das Material dafür wurde von den Mitgliedern des MWK Exekutivkomitees, Thijn Thijink aus den Niederlanden und Markus Rediger aus der Schweiz ausgearbeitet. Es besteht aus Vorschlägen für den Gottesdienst, biblischen Texten und einige Gedanken zu den Texten, sowie einer Geschichte aus den Niederlanden und einer eines holländischen Jugendlichen, der in Asuncion das Gefängnis Tacumbú besuchte. Ein Foto einer Skulptur mit dem Namen „Metamorphose", die aus Waffen gemacht ist, die Gefangene abgegeben haben, und Gebetsanliegen aus aller Welt waren mit eingeschlossen.
Die Mennonitische Weltkonferenz stellt das Material zur Verfügung, aus dem lokale Gemeinden und Konferenzen dann eine Auswahl treffen und es ihrer Umgebung anpassen können, um es im Gottesdienst zu benutzen.
Beim Rundschicken des Materials wird dann um Berichte aus den Gemeinden gebeten, wie der Weltgemeinschaftssonntag gefeiert wurde.

Die Gebetsanliegen wurden wie folgt formuliert: „Die Mennonitische Weltkonferenz hat in ihrem Treffen im Juli 2009 in Paraguay großen Veränderung in der Leitungsstruktur zugestimmt. Bitte beten Sie in Bezug auf diese Veränderungen:
• für einen reibungslosen Übergangsprozess in der Leitung der MWK, damit alle Beteiligten zu jedem Zeitpunkt des Prozesses die Ehre Gottes suchen.
• für den MWK Vorstand und die Geschäftsführung während sie die Veränderung von Struktur und Mitarbeitenden begleiten:
Vorstand: - Danisa Ndlovu, Simbabwe, Präsident; - Janet Plenert, Kanada, Vizepräsidentin; - Ernst Bergen, Paraguay, Kassierer; - Larry Miller, Frankreich, Generalsekretär.
Exekutivkomitee: - Afrika: Mawangu Biavula Ibanda, Kongo; Thuma Hamukang'andu, Sambia; - Asien: Prem Prakash Bagh, Indien; Adi Walujo, Indonesien; - Europa: Rainer Burkart, Deutschland; Markus Rediger, Schweiz; - Lateinamerika / Karibik: Edgardo Sánchez, Argentinien; Felix Rafael Curbelo Valle, Kuba; - Nordamerika: Ron Penner, Kanada; Iris de Leon-Hartshorn, USA.
• für die Arbeit der MWK Kommissionen:
Die neue Kommissionen und ihre Vorsitzenden sind: - Diakonen: Cynthia Peacock, Indien; - Glauben und Leben: Alfred Neufeld, Paraguay; - Frieden: Mulugeta Zewdie, Ethiopia; - Mission: Richard Showalter, USA.
• für die neue Jugendarbeitsgruppe, die daran arbeitet die zukünftige Rolle von Jugendlichen weltweit in der MWK zu definieren.
• für die, die das Leben und die Arbeit der MWK mit Gebet und Finanzen unterstützen.
• dass viele von der Arbeit der Mennonitischen Weltkonferenz begeistert werden und mit Freude und Hingabe dazu beitragen, diese Arbeit in der weltweiten Glaubensfamilie zu fördern.
• für die neuen MWK Mitgliedskirchen: - Igreja Irmãos em Cristo em Moçambique; - Gilgal Mission Trust (Indien); - Vietnam Mennonite Church; - Bible Missionary Church (Myanmar).
• für das Findungskomitee, das bis 2112 einen neuen Generalsekretär finden soll. Mitglieder in diesem Komitee sind: Danisa Ndlovu, Simbabwe, Vorsitzender; Mesach Krisetya, Indonesien; Karen Klassen Harder, USA; Markus Rediger, Schweiz; und Elizabeth Vado Sandoval, Nikaragua.

3. Die Zukunft der Mennonitischen Weltkonferenz

Die Mennonitische Weltkonferenz findet in den letzten Jahrzehnten alle sechs Jahre statt, aber ob dies in Zukunft so bleiben wird, steht noch nicht fest. Man spricht davon, die Veranstaltung noch weitläufiger zu machen. Die Mennonitische Weltkonferenz (MWK) ist eine Gemeinschaft von Mennoniten, Brüdern in Christo und verwandten Kirchen weltweit. Seit der Gründung 1925 sieht sich die MWK berufen, eine Gemeinschaft (Koinonia) täuferisch-geprägter Kirchen zu sein, miteinander verbunden in einer weltweiten Gemeinschaft des Glaubens zu Geschwisterschaft, Anbetung, Dienst und Zeugnis.

MWK Versammlungen sind ein greifbares Ergebnis dieser weltweiten Familie. Paraguay 2009, die 15. Versammlung, bestand aus zwei Teilen: der Vollversammlung und der Verstreuten Konferenz.

Fragen, die sich stellen, sind zum Beispiel: Sollen die Konferenzen weiter in in armen Ländern stattfingen? Lohnt sich der Aufwand? Wie oft sollen sie stattfinden?

In Asunción fanden zwei Arbeitsgemeinschaften statt, die von Nancy Heisey, der scheidenden Leiterin, und von Danisa Ndlovu, dem antretenden Leiter der Weltkonferenz angeleitet wurden.

Immer wieder sind die Vorbereitungen mit vielseitigen Schwierigkeiten verbunden.

Es fanden im Laufe der Konferenz in Asunción zwei Workshop zum Thema „Die Zukunft der Mennonitischen Weltkonferenz" statt. Geleitet wurden diese Treffen von der austretenden Leiterin der Mennonitischen Weltkonferenz, Frau Nancy Heisey aus den USA, und dem neuen Präsidenten Danisa Ndlovu, Bischof von den Baptistengemeinden in Simbabwe.

Nancy Heisey gab einen Überblick über vergangene Konferenzen, um von da aus „Die Zukunft unseres gemeinsam Lebens" zu beleuchten, und es ging vor allem um den Nutzen, den Vorteil und um die Kosten der MWK zu analysieren. Sie sagte, dass Winnipeg 1978 ein großes Defizit hinterließ, an dem man noch lange Zeit zahlen musste.

Für die Konferenz in Paraguay haben die Nordamerikaner und Europäer am meisten gezahlt, aus Paraguay kam von den Kirchen und Institutionen US$750.000.-

Die Konferenz in Simbabwe 2003 hat uns, der MWK, geholfen, nicht Simbabwe. Es war nicht leicht, den geeigneten *Staff* zu bilden, Personen, die im Glauben dienen können, den *Cuerpo de Paz* und andere Projekte. Es ist ein reduziertes Personal, das die MWK zur Verfügung hat.

12 Personen repräsentierten die Kontakte vor zwei Jahren. Probleme traten auf anderen Ebenen auf. 2003 war es das Problem mit der SARS in Asien, 2009 mit der Schweinegrippe. Auch schwierige diplomatische Situationen, Probleme mit Reisepässen für die Rückreise u.a. müssen bewältigt werden.

Über die Jahre waren die Sitzungen, Kontakte schwierig, in Zukunft wird man mehr per Email arbeiten. Es geht aber auch darum, zusammen Zeit zu verbringen, sich kennen zu lernen, auf der Konferenz, aber auch durch die Kontakte mit den Familien in den Heimen. Erfahrungen werden geteilt, man lernt so viele Leute kennen, Ideen werden ausgetauscht, Dienste vermittelt, usw.

Wir sprechen über die Möglichkeit, Gottes Wort gemeinsam zu hören, zu singen und zu beten. Eine globale Familie bilden. Es ermöglicht, dass andere Gruppen sich treffen, wie: Brüder in Christo, Indianer, Geschäftsleute, usw, die diese Zeit nutzen, um sich auszutauschen und kennen zu lernen.

Die MWK aus der Perspektive von Simbabwe, vorgestellt von Danisa Ndlovu:

Die Erfahrung von 2003: Die gemeinsame Arbeitskraft machte möglich, dass alles fertig war. Simbabwe befand sich in einer Krise, und es war ein Segen, dass Menschen aus aller Welt kamen, und nachher sagen konnten: „Das haben wir dort gesehen."

Nach der Konferenz werden viele sich erinnern, dass Sachen geplant wurden, die durchgeführt werden konnten. Delegationen arbeiteten mit uns und wohnten zwei Wochen bei uns, was sehr segensreich für uns war. Zum Beispiel die Versammlung mit den Frauen der Pastoren, wodurch sie sich gegenseitig ermutigen konnten.

Ein Segen war auch in der Zeit, die Schmerzen und Probleme aus der afrikanischen Perspektive kennen zu lernen. Beziehungen, die aufgebaut wurden, mit Leuten, die da waren, mit Kirchen, sind bis heute geblieben.

Wir brauchten viele Freiwillige, wir hatten wenige Leute. Sie kamen von vielen Stellen außerhalb des Landes. Diese Leute waren bereit, ihre Zeit zu geben. Es war also eine sehr wertvolle Erfahrung für Besucher und Einheimische.

Nancy Heisey fragte: Was ist zu tun? Vorschläge für die Zukunft:

- Es sollten Delegationen gebildet werden, die die Zeit mit verschiedenen Kirchen / Gemeinden verbringen.

- Die Versammlungen des MWK-Exekutivkomitees sollen in verschiedenen Ländern stattfinden und somit auch ermöglichen, dass lokale Gemeinden sich daran beteiligen. Alle mennonitischen Gemeinden sollen offen beteiligt werden. Nicht nur Vertreter, sondern alle Interessierten sollen dann zu Gottesdiensten eingeladen werden.

- Die Sitzungen sollten an verschiedenen Stellen der Erde durchgeführt werden, um Leute zu beteiligen. Die Vollversammlungen sollten von 7 auf 10 Tage verlängert werden.

- Es sollte jedes Jahr eine Versammlung der Coinoinea stattfinden, um Gemeinschaft zu pflegen. Büros müsste man restrukturieren. Sie sind in Frankreich (Präsident), Ontario (Finanzen), Kalifornien, Kinshasa (Kongo) und Asunción. Man plant, das Büro in Kalifornien zu schließen und in jedem Kontinent ein Büro einzurichten. So kann man sich besser mit den Gemeinden

der Region austauschen.
- 2012 soll eine Feier in Europa stattfinden. In der Schweiz wird die regionale Versammlung sein, eine Zwischenkonferenz, mehr auf Europa bezogen.
- Die Weltkonferenzen könnten weiter auseinander stattfinden, wie zwischen den Weltkriegen, und man überlegt, mehr regionale Konferenzen einzufügen (z.B. Europasitzung). 2017 will man voraussichtlich die nächste Weltkonferenz machen, obwohl auch Stimmen aus der Versammlung laut wurden, die meinen, dass diese Vollversammlungen so weiter geführt werden sollten, weil sie viel Gutes bringen.
- In Amerika werden Versammlungen abgehalten, so dass mehr Leute aus der Region teilnehmen können. Bisher kamen die meisten Teilnehmer aus dem Norden, jetzt sollen mehr Leute aus den Regionen teilnehmen können.
- Regionale Versammlungen sollen also verstärkt werden, sie sind weniger kostenaufwändig, bieten jedoch mehr Leuten die Teilnahme.
- Man hat schon daran gedacht, 2025 eine spezielle Feier zu machen, 100 Jahre MWK und 500 Jahre Mennoniten, das wäre eine Zeit für eine große Feier.
- Ziel ist es auch, junges Personal zu stärken.
- Wir müssen weiter kreative Wege finden, wie wir uns versammeln können, um unseren Glauben zu stärken.
- Der Austausch von Pastoren müsste gefördert werden.
- Wir brauchen neue Leiter, es müssen Brücken zwischen Sprachen und Kulturen gebaut werden.
- Wir müssen das weiter machen, was wir jetzt machen, zu einem niedrigen Preis, Möglichkeiten schaffen für den gegenseitigen Besuch der Gemeinden.
- Die jungen Generationen müssen angesteckt werden, damit sie mitmachen wollen.
- Wie können lokale Gemeinden sich besser mit der MWK identifizieren und die Beziehungen aufbauen?
Jeden Sonntag für die MWK beten, für die Kirchen in Afrika, Asien, usw.
- Die Versammlungen müssen fortgesetzt werden, es sollten Zeiten für Bibellese eingebaut werden, *Talleres Bíblicos.*
- Wir sollten so weiter machen, die coinoinea, die Gemeinschaft der Gläubigen fördern, pflegen. Probleme der Länder teilen.
- Die Evangelisation in den regionalen Konferenzen von Zeit zu Zeit fördern, stärken.
- Einen Austausch mit Schwestergemeinden fördern.
- Den Dialog mit den Kirchen fördern. Konflikte zwischen lokalen Vereinigungen lösen helfen, Jugendliche eingliedern in die Angelegenheiten der Konferenzen

und Gemeinden.
- Wichtig werden wohl Versammlungen in Provinzen, in Regionen, in
- Ländern und auf internationaler Ebene sein. Die müssen gefördert werden.

V. Anhang

Komitees der 15. Mennonitischen Weltkonferenz - Mitarbeiter in den verschiedensten Bereichen

Das Exekutivkomitee der Mennonitischen Weltkonferenz
Vorstand: Nancy Heisey, Präsidentin, Danisa Ndlovu, Vizepräsident, Paul Quiring, Finanzen, Larry Miller, Geschäftsführer
Afrika: Matiku Thomas Nyitambe, Joshua Okello Ouma
Asien/Pazifik: Joren Basumata, Eddy Sutjipto
Zentral-/Südamerika, Karibik: Peter Stucky, Elizabeth del Carmen Vado Sandoval
Europa: Markus Rediger, Katarina Thijink-van der Vlugt
Nordamerika: Naomi Unger, David Wiebe

Der Nationale Koordinationsrat
Der Vorstand des Nationalen Koordinationsrats: Alfred Neufeld (VMBGP), Präsident, Vicente Juárez (Nivaclé), Vizepräsident, Rogelio Duarte (CONEMPAR), Schriftführer, Asciano Faust (Unidas), Mitglied des Vorstands.
Weitere Mitglieder: Pablo Acevedo (Enlhet), Lourdes Benítez (CONEMPAR), Inocencio Galván (Nivaclé), Estela de Armoa (CEIPHM), Hans Dueck (EMB), Nelly Enns (EMB), Rafael Flores (Unidas), Ferdinand Friesen (VMGP), Temi Goertzen (VMGP), Eveline Hiebert (VMGP), Werner Janz (EMB), Wesley Kehler (VMBGP), Enrique Mendoza (Enlhet), Sissi Neufeld (VMBGP), Alvin Neufeld (CONEMPAR), Ditrich Pana (Unidas), Oscar Peralta (CEIPHM), Victor Pérez (Nivaclé), Juan Ramos (Enlhet), Amandus Reimer (AMIGOS), Juan S. Verón (CEIPHM).

Komitees
Viele Leute haben in Komitees mitgearbeitet und diese auch angeleitet. Es waren mehr als 200 Personen, die angestellt wurden und somit einen wichtigen Beitrag geleistet haben, damit die ganz unterschiedlichsten und doch notwendigen Aufgaben koordiniert und durchgeführt werden konnten. Natürlich haben noch viele andere Freiwillige mitgearbeitet, damit alle Aufgaben zufriedenstellend und pünktlich erledigt werden konnten. Nachfolgend die Liste der Komitees.

Leiter: Ernst Weichselberger
Unterbringung: Alejandra Quiring, Paula Wiebe, Vanessa Mieres, Edith de Olmedo

Essen: Edwin & Adelheid Thiessen, Hans & Nancy Teichgräf
Weltgemeinschaftsdorf: Giesela Letkemann, Gudrun Dück, Helmine Funk, Arturo González, Ursula Dück
Gebäude: Robert Quiring, Iván Vera, Hans Reimer, Marcelo Wall, Hartmut Kröker, Peter Penner
Kinderbetreuung: Sandra Soria & Leo
Wölk **Kunstgallerie**: Hildegard Wieler
Workshops: Sebastian & Heidi Pauls
Medizinische Versorgung: Melita Wall, Wesley Schmidt
Ausflüge: Eveline Hiebert
Transport: Alexis Aquino, Johannes Bleeker, Nicolás Zarza
Sicherheit: Helmuth Adrian, Augusto Ramírez, Oscar Aguayo
Information und Gästebetreuung: Alejandra Velásquez, Yennilda Verón, Aldo Coronel, Luciana Hein, Daniela Velásquez, Doris Krahn, Nicky Wiebe
Unterkunft für internationale Teilnehmende und Ausflüge: Kermit Yoder – MTS Travel, Vickie Unruh - MTS Travel, Eveline Hiebert – Canada Viajes
Jugend: Daniel Amstutz, Javier Galeano, Yanina Weber, Hulda Arce
Kommunikation: Cristina Caballero, Efraín Mencia
Freiwillige: Ronald Rempel, Hernán Cano, Martha Duarte
Programm: Naomi Unger, Elizabeth Vado, Markus Rediger, Juan S. Verón, Dietrich Pana, Ed Toews
Sozial-Praktische Einsätze: Maximino Vera, Esther Franz
Dekorationsteam: Sandra Gerbrandt, Frieda Harder, Ernesto Weber
Gottesdienstteam vor Ort: Cristina Caballero, Werner Franz, Nelson Aguilera, Juan S. Verón, Heinz Fast
Co-Moderation der Vollversammlungen: Cristina Caballero, Werner Franz
Multimedia: Hans Reimer, Oscar Friesen, Oliver Neufeld, Ferdinand Schröder **Presseraum**: Alfredho Altamirano, Ron Byler
Täglicher Newsletter: Karen J. Núñez de Miranda, Lynn Miller
Spenden: Eduard Rempel, Eldon Unruh, Siegfried Funk, Kurt Falk, Alfred Neufeld
Lokale Übersetzung: Paul Amstutz, Jakob Lepp
Unterbringung im Chaco: Hans Fast, Eveline Hiebert
Musik: Paul Dueck, Elizabeth Puricelli, Bryan Moyer Suderman
Internationales Musik- und Gottesdienstteam: Paul Dueck, Saptojo Adi, Orlando August, Carlos Correa, Luci Driedger, Gerlinde Funk, Stefan Goertzen, Brigado Loewen, Florent Malu-Malu, Micheli Peralta, Andrea Weber Steckly, Bryan Moyer Suderman, Wilma Toews, Maximino Vera
Mitarbeitende der MWK (Paraguay und International): Dennis Becker, Margaret Brubacher, Ray Brubacher, Rainer Burkart, Ferne Burkhardt, J.

Ron Byler, Carmen Epp, Friedbert Flaming, Cyrille Fopoussi, Renate Franz, Andrea Geiser, Merle Good, Phyllis Pellman Good, Sylvie Gudin, Stéphanie Hege, Kristen Hines, Béatrice Kalaki, John A. Lapp, Timothy C. Lind, Albert Lobe, Karen Martin Schiedel, Eleanor Miller, Larry Miller, Nahemy Moreno de Fehr, Magali Moreno, Joséphine Ntihinyuzwa, Cynthia Palomino de Dück, J. Lorne Peachey, Meliessa Penner, Robert Penner, Graciela Pérez de Rempel, Milka Rindzinski, Kelsey Shue, C. Arnold Snyder, Anna Sorgius, Ryan Toews, Phyllis Toews, Reginald Toews, Pakisa Tshimika, Liesa Unger, Arnold Voth, Ernst Weichselberger, Paulus Widjaja

Bibliografie
- Bender, Harold S.: Die Gemeinde Christi und ihr Auftrag; Vorträge und Verhandlungen der Fünften Mennonitischen Weltkonferenz; Karlsruhe, 1953.
- Berichte von Teilnehmern an der MWK in Asunción
- Bericht: Mennonite World Conference - XI Assembly, Strasbourg, 1984.
- Correo - Currier
- Die Mennonitische Post (Nr. 7, 7. August 2009; Nr. 8, 21. August 2009; Nr. 9, 4. September 2009,)
- Die Mennonitische Weltkonferenz stellt sich vor. Informationsblatt.
- Faltblatt: Diensteinsätze - Mennonitische Weltkonferenz 2009
- Faltblatt: Die Mennonitische Weltkonferenz stellt sich vor
- Friesland Informationsblatt: 17. Jahrgang, Juli 2009, Nr. 9.
- Friesland Informationsblatt: 17. Jahrgang, August 2009, Nr. 8, Seite 9.
- Infoblatt Fernheim, Nr. 7, Juli 2009.
- Informationsblätter der Mennonitischen Weltkonferenz, die vor und während derselben verschickt und verteilt wurden (Nr. 1 vom Mai 2008 - Nr. 12 vom Juni 2009).
- Kraybill, Paul N.: The Kingdom of God in a Changing World. Proceedings of the Tenth Assembly Mennonite World Conference, Wichita, Kansas, 1979
- Lexikon der Mennoniten in Paraguay
- Lieder für die siebente Mennonitische Weltkonferenz, The Christian Press, Winnipeg, 1962.
- Mennoblatt: Nr. 13, 1. Juli 2008 - Nr. 23, 1. Dezember 2009.
- Menno=Bote, 18. Jahrgang, Nr. 2, Oktober 2008.
- Mennonite World Conference Journal
- Mennonite Weekly reviev, August, 2009
- Mennonitische Weltkonferenz: 10. Versammlung, Wichita, 25. - 30. Juli 1978
- Mennonitisch Weltkonferenz - Was sie ist und was sie tut. Informationsblatt
- Neuland informiert und diskutiert, August 2010
- Penner Ratzlaff, Peter, Loewen, Ernesto Herbert (Hrsg.): Os Menonitas –

Nono Congresso Mundial Menonita - 18 - 23 de Julho, 1972, Curitiba, Paraná, Brasil.
- Protokolle vom Nationalen Koordinationsrat der Mennonitischen Weltkonferenz 2009
- Steinbach Post, Nr. 38 vom 18. September 1962, Jahrgang 49
- Volendam Informationen, 17. Jahrgang, August 2009, Seiten 10; 13 - 15.
- www.mwc-cmm.org
-
www.oikoumene.org/de/mitgliedskirchen/kirchenfamilien/mennonitengemeinden/mwk.html

Fotos
Beate Friesen de Penner
Uwe Friesen
CD-Fotos der Mennonitischen Weltkonferenz

VI. Die 15. Mennonitische Weltkonferenz in Bildern

Während der Gottesdienste und den anderen Versammlungen sah man viele Leute, die Fotos machten oder auch Passagen der Konferenz filmten.
Es wurde darauf hingewiesen, dass nicht überall Fotos gemacht werden sollten: „Wir wollen nicht, dass ein Gottesdienst zu einem Jahrmarkt wird, bei dem viele Leute zur Bühne laufen, um Fotos zu machen. Deshalb gibt es ausgewählte Fotografen, denen es erlaubt ist, herumzugehen und während der Gottesdienste Bilder zu machen. Sie können gerne von Ihrem Platz aus Bilder machen - verwenden Sie aber bitte keinen Blitz. Auf der Website der MWK werden Fotos in guter Qualität zum Herunterladen bereitgestellt werden. Ein professioneller Fotograf aus Paraguay wird während der Gottesdienste Bilder machen und diese schnellstmöglich nach dem Gottesdienst auf CD oder Poster zum Verkauf anbieten." So hieß es in dem Informationsbüchlein, das die Teilnehmer bei der Ankunft erhielten.
Fotos zeigen, wie es in bestimmten Momenten gewesen ist. So ist es auch hier. Bestimmte, wichtige, auffällige, ganz normale und bewegende Momente wurden in Bildern festgehalten, und eine Auswahl kommt hier zum Zuge.

Gemeinsam unterwegs auf dem Weg Jesu Christi

Mennonitische Weltkonferenz am Weierhof 1925

Mennonitische Weltkonferenz in Danzig 1930, wo man sich hauptsächlich mit der Hilfe für Geschwister in Russland befasste

Gemeinsam unterwegs auf dem Weg Jesu Christi

Mennonitische Weltkonferenz 1936 in den Niederlanden wurde dort zum Teil aus Anlass der Bekehrung von Menno Simons im Jahre 1536 abgehalten

Mennonitische Weltkonferenz auf St. Chrischona bei Basel 1952 – Delegierte

Gemeinsam unterwegs auf dem Weg Jesu Christi

Mennonitische Weltkonferenz in Karlsruhe 1957 – Delegierte

Mennonitische Weltkonferenz in Kitchener _ Ontario, 1962

Gemeinsam unterwegs auf dem Weg Jesu Christi

Mennonitische Weltkonferenz in Curitiba 1972. Abendveranstaltungen wurden von rund 4000 Teilnehmern besucht

Mennonitische Weltkonferenz 1978 in Wichita, Kansas, USA

Gemeinsam unterwegs auf dem Weg Jesu Christi

Mennonitische Weltkonfernz in Wichita, Kansas, USA, 1978

Willkommensschild am Eingang des CFA

Der Tagungsort in Asunción, Einrichtung des Centro Familiar de Adoración

Der Veranstaltungsort am Abend

Gemeinsam unterwegs auf dem Weg Jesu Christi

Gedränge bei der Anmeldung im Empfangsraum des Tagungsortes

Gesamtüberblick über die Vollversammlung im CFA in Asunción

Gemeinsam unterwegs auf dem Weg Jesu Christi

Besucher kommen zur Veranstaltung

Vollversammlung

Gemeinsam unterwegs auf dem Weg Jesu Christi

Vollversammlung. Auch da hat man Zeit um sich auszutauschen

Bei der Eröffnung traten viele mennonitische Organisationen mit einem Banner auf

Gemeinsam unterwegs auf dem Weg Jesu Christi

Chor der Chacogemeinden

Chorgesang gehörte regelmäßig zu den allgemeinen Veranstaltungen (Gottesdiensten)

Gemeinsam unterwegs auf dem Weg Jesu Christi

Drei Verantwordliche der A-15 - Danisa Ndlovu, Larry Miller und Alfred Neufeld

Eine Indianergruppe aus dem Chaco beim Musizieren auf der Vollversammlung

Gemeinsam unterwegs auf dem Weg Jesu Christi

Elhet-Mädchen aus dem Chaco bei einem Reigen zur Symbolisierung von Liebe und Frieden

Harfenchor bei der Eröffnung

Gemeinsam unterwegs auf dem Weg Jesu Christi

Jugendchor

Männerchor - gemeinsam den Weg Jesu Christi gehen

Gemeinsam unterwegs auf dem Weg Jesu Christi

Mitteilungen zum Dienst für Christus

Mennoniten missionieren in der arabischen Welt und teilen sich auf der Vollversammlung mit

Gemeinsam unterwegs auf dem Weg Jesu Christi

Mennonitische Brüder aus Afrika und Amerika begegnen sich auf der Bühne der MWK

Unauffällig wurde die Zeit der Redner kontrolliert, indem Schilder hochgehoben wurden. Verantwortlich war Ray Brubacher aus Kanada

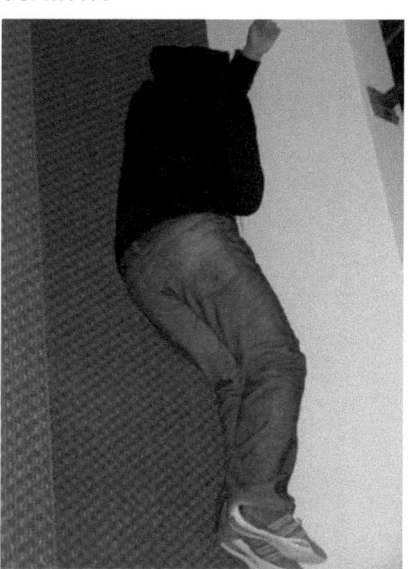

Irgendein Plätzchen ist gut genug, um in den Pausen ein Nickerchen zu machen, auch die Tribüne

Versöhnung zwischen Brüdern. Helmut Isaak und der frühere Mörder seines Bruders Kornelius

Auf dem Hof des CFA wurde das globale Dorf aufgebaut, um die Mennoniten aus den verschiedenen Kontinenten vorzustellen. Es wurde viel besucht von den Teilnehmern

Ein Teil der Ausstellung auf dem Hof soll an die Pionierjahre der Mennoniten in Paraguay erinnern

Ein typischer Mennowagen der Mennoniten in Paraguay

Paraguay-Stand

Stand der Kolonie Menno, seit 1927 die erste mennonitische Kolonie in Paraguay

Europa-Stand auf dem Ausstellungsgelände der A-15

Doopsgezinde aus den Niederlanden

Nordamerika präsentiert sich auf der MWK

Asiatischer Stand

Gemeinsam unterwegs auf dem Weg Jesu Christi

Stand der afrikanischen Gemeinden

Ausstellung zur Leidensgeschichte der verfolgten Mennoniten in der Stalin Zeit in der Sowjetunion

Gemeinsam unterwegs auf dem Weg Jesu Christi

CEMTA, das Bibelinstitut der Mennonitengemeinden Paraguays, stellt sich vor.

Dienst am Nächsten - Hospital Km 81 und weitere Institutionen widmen sich dem Dienst an der armen bedürftigen Bevölkerung in Paraguay

Gemeinsam unterwegs auf dem Weg Jesu Christi

Interessierte Besucher bei den Ständen der Mennoniten Paraguays

Mennoniten identifizieren sich auch mit dem Schutz der Schöpfung im biblischen Sinn

Gemeinsam unterwegs auf dem Weg Jesu Christi

Vorstellung des Christlichen Dienstes in Paraguay

Versammlung der mennonitischen Geschichtler, um sich
über die verschiedenen Erfahrungen und Arbeiten auszutauschen

Bücherstand

Die Garage des CFA – Ess-Saal während der MWK

Gemeinsam unterwegs auf dem Weg Jesu Christi

Geschichtler treffen sich - Edgar Stoesz aus den USA und Jakob Warkentin aus Paraguay

Mitarbeiter treffen sich in der Pause, um weitere Aktivitäten zu besprechen und zu planen

Gemeinsam unterwegs auf dem Weg Jesu Christi

Lars Ackerson und Jonatan Spicher reisten
mit dem Fahrrad von den USA nach Paraguay zur A-15

Uwe und Francisca Friesen aus Paraguay mit Familie und
Danisa und Treziah Ndlovu aus Simbabwe

Gemeinsam unterwegs auf dem Weg Jesu Christi

Ein Eis in der freien Zeit gibt neuen Schwung für Christel Wiebe aus dem Chaco

Jake Balzer aus Kanada

Die Mennonitische Frau bei der Handarbeit in der freien Zeit

Nancy Heisey, die scheidende Leiterin der MWK und Danisa Ndlovu, der neue Leiter ab 2009

Verteilung des Weines beim Abendmahl

Vor und nach der Konferenz nutzten viele Ausländer die Gelegenheit und lernten die Mennoniten in Paraguay und ihre Geschichte vor Ort kennen. Besuch auf der

Gemeinsam unterwegs auf dem Weg Jesu Christi
ehemaligen Bahnstation Km145 – Fred Engen

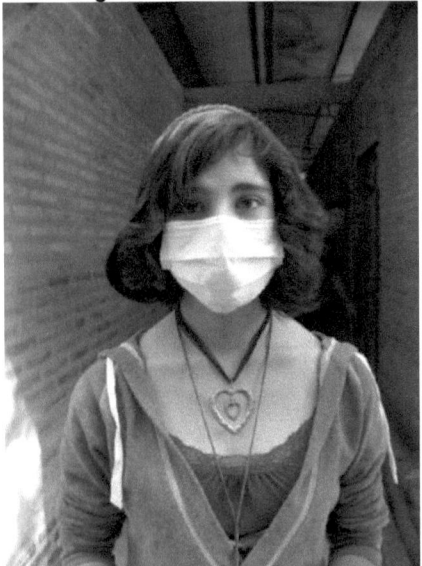

Vorsicht, Ansteckungsgefahr! Um sich und andere vor Grippeinfektion zu schützen, benutzen viele Besucher der MWK Mundschutzmasken

Werdet wie die Kinder

Gemeinsam unterwegs auf dem Weg Jesu Christi

Nur weil Hunderte von Freiwilligen mithalfen, konnte die MWK so reibungslos durchgeführt werden

Viele Freiwillige waren an der Vorbereitung der Mahlzeiten beteiligt

Ein Baum wird als Symbol gepflanzt
Ein Palo Santo Baum wurde bei der Mennonitenkirche La Roca in Asunción gepflanzt, um dadurch zu symbolisieren, wie wichtig es ist, dass wir die Natur bewahren und beschützen. Auf dem Bild, von links: Wilfried Giesbrecht, Leiter der Stiftung DeSdel Chaco, Paraguay; Carlos Ferrari; Gaston Guzman, Pastor der Kirche; Stuart Clark, Canadian Foodgrains Bank; Luke Gascho, Exekutivdirektur von „Merry Lea Environmental Learning Center" vom Goshen College, Indiana, USA.
Dieses Treffen der Naturschützer und das Pflanzen eines Baumes sollte ein Akt sein, der bekundet, dass man die Verantwortung als Wiedertäufer auch der Natur gegenüber hat. Wie kann ein Christ seine Verantwortung der Natur gegenüber wahrnehmen?